小6英語を
ひとつひとつわかりやすく。

Gakken

☺ ひとつひとつわかりやすく。シリーズとは

やさしい言葉で要点しっかり！

むずかしい用語をできるだけ使わずに，イラストとわかりやすい文章で解説しています。
英語が苦手な人や，ほかの参考書は少しむずかしいと感じる人でも，無理なく学習できます。

ひとつひとつ，解くからわかる！

解説ページを読んだあとは，ポイントをおさえた問題で，理解した内容をしっかり定着できます。
テストの点数アップはもちろん，英語の基礎力がしっかり身につきます。

やりきれるから，自信がつく！

1回分はたったの2ページ。
約10分で負担感なく取り組めるので，初めての自主学習にもおすすめです。

☺ この本の使い方

1回10分，読む→解く→わかる！

1回分の学習は2ページです。毎日少しずつ学習を進めましょう。

答え合わせもかんたん・わかりやすい！

解答は本体に軽くのりづけしてあるので，ひっぱって取り外してください。
問題とセットで答えが印刷してあるので，ひとりで答え合わせができます。

復習テストで，テストの点数アップ！

ある程度のまとまりごとに，これまで学習した内容を確認するための「復習テスト」があります。

CDつき＆音声アプリ対応で聞く・話す対策も！

英語の音声を聞く・話す練習がたくさんできるようになっているので，会話の力がつきます。

☺ 学習のスケジュールも，ひとつひとつチャレンジ！

まずは次回の学習予定を決めて記入しよう！

1日の学習が終わったら，もくじページにシールをはりましょう。
また，次回の学習予定日を決めて記入してみましょう。

1章 自己紹介（じこしょうかい）

学習予定日

01 出身はどこ？
I'm from 〜. 006
4/18

学習が終わったら
シールをはります。

02 好きなことを言うには？
I like 〜. / スポーツ・動物 008
4/22

シールをはろう

次回の学習予定日を
決めて記入します。

カレンダーや手帳で，さらに先の学習計画を立ててみよう！

おうちのカレンダーや自分の手帳にしる
しをつけて，まずは1週間ずつ学習スケ
ジュールを立ててみましょう。
それができたら，次は月ごとのスケ
ジュールを立ててみましょう。

ひとつひとつを
月と金にやるぞ！

☺ みなさんへ

　英語は，こわがらずに使おう・話そうという姿勢（しせい）が
とても大切です。この本は，読み書きだけでなく，聞
いたり話したりする練習もできるように作られていま
す。みなさんはどうか，はずかしがらずに，大きな声
で英語を口に出しながらこの本に取り組んでください。
　みなさんがこの本で大きな自信をつけて，学校の授
業や外国の人とのやりとりで，どんどん英語を話せる
ようになってもらえれば，とてもうれしいです。

 スマホ用音声再生アプリ
my-oto-mo（マイオトモ）
下記よりダウンロードしてください。
（パソコンからはご利用になれません。）

https://gakken-ep.jp/
extra/myotomo/

アプリは無料ですが，通信料は
お客様のご負担になります。

もくじ 小6英語

次回の学習日を決めて，書きこもう。
1回の学習が終わったら，巻頭のシール(かんとう)をはろう。

 わかる君を探してみよう！

この本にはちょっと変わったわかる君が全部で
9つかくれています。学習を進めながら探して
みてくださいね。

色や大きさは，上の絵とちがうことがあるよ！

01 出身はどこ？

01

どこから来た人なのか，出身の国や地名を聞きたいときは，次のように言います。英語を聞いてみてください。

Where are you from?
あなたはどこの出身ですか。

★ 国の名前

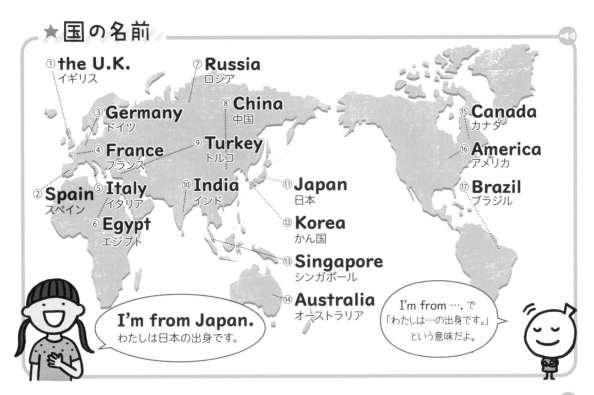

① **the U.K.**　イギリス
⑦ **Russia**　ロシア
③ **Germany**　ドイツ
⑧ **China**　中国
⑮ **Canada**　カナダ
④ **France**　フランス
⑨ **Turkey**　トルコ
⑯ **America**　アメリカ
② **Spain**　スペイン
⑤ **Italy**　イタリア
⑩ **India**　インド
⑪ **Japan**　日本
⑰ **Brazil**　ブラジル
⑥ **Egypt**　エジプト
⑫ **Korea**　かん国
⑬ **Singapore**　シンガポール
⑭ **Australia**　オーストラリア

I'm from Japan.
わたしは日本の出身です。

I'm from ….　で「わたしは…の出身です。」という意味だよ。

「日本の東京です」と言うときは，Tokyo, Japan のように「せまいところ→広いところ」の順で言います。

I'm from **Tokyo,** 東京 **Japan.** 日本
Paris, パリ **France.** フランス
Naha, 那覇 **Okinawa.** 沖縄

日本語と逆なのね。

せまい　→　広い

基本練習

➡ 答えは別冊2ページ

1 自己紹介を聞いて，それぞれの人の出身地を下の（　）から選び，日本語で書きましょう。◀)))

(1)

名前 … アン

出身 …

(2)

名前 … ラージ

出身 …

(3)

名前 … ジム

出身 …

（　アメリカ　　イギリス　　インド　　シンガポール　　中国　）

2 (1) 好きな国を1つ英語で言ってみましょう。　□ 言えたよ。

↖ 言えたらここにチェックしよう。

(2) 言った国を英語で下に書きましょう。左ページを見ながら書いてもかまいません。

3 (1)「わたしは日本の出身です。」と英語で言ってみましょう。

□ 言えたよ。　◀)) 答え

(2) 言ったことを英語で下に書きましょう。左ページを見ながら書いてもかまいません。

I'm from （　　　　　　　　　　）.

↖ うすい字はなぞろう。

☺ できなかった問題は，復習しよう。

02 好きなことを言うには？

🔊 03

好きなことを伝えるには次のように言います。英語を聞いてみてください。

I like baseball.

わたしは野球が好きです。　← I like のあとに，好きなものを言おう。

スポーツと動物の言い方を聞いて，好きなものを言えるようになりましょう。

★ スポーツ

① **tennis**
テニス

② **basketball**
バスケットボール

③ **dodgeball**
ドッジボール

④ **soccer**
サッカー

⑤ **table tennis**
卓球

⑥ **skiing**
スキー

★ 動物

好きな動物を言うときは s がついた形（複数形）にするよ。

① **dogs**
犬

② **cats**
ねこ

③ **birds**
鳥

④ **rabbits**
うさぎ

⑤ **pandas**
パンダ

⑥ **koalas**
コアラ

⑦ **penguins**
ペンギン

I like dogs.
（わたしは犬が好きです。）

基 本 練 習

→ 答えは別冊2ページ

04

1 自己紹介を聞いて，それぞれの人が好きだと言っているものを（　）から選び，日本語で書きましょう。

(1)

名前 … あや

好き …

(2)

名前 … マイク

好き …

(3)

名前 … エマ

好き …

（ サッカー　テニス　卓球　犬　ねこ　うさぎ ）

2 (1) 自分の好きなスポーツを左ページから選び，「わたしは○○が好きです。」と英語で言ってみましょう。□ 言えたよ。

↖ 言えたらここにチェックしよう。

(2) 言ったことを英語で下に書きましょう。左ページを見ながら書いてもかまいません。

3 (1) 自分の好きな動物を左ページから選び，「わたしは○○が好きです。」と英語で言ってみましょう。□ 言えたよ。

(2) 言ったことを英語で下に書きましょう。左ページを見ながら書いてもかまいません。

😊 できなかった問題は，復習しよう。

03 いちばん好きなのは何？

05

いちばん好きな食べ物，いちばん好きなスポーツ……など，「あなたのいちばん好きな○○は何ですか。」と聞きたいときは次のように言います。

What's your favorite food?

あなたのいちばん好きな食べ物は何ですか。　「いちばん好きな」という意味。　「食べ物」

What's your favorite のあとに次の英語を言えば，相手のいろいろな「いちばん好き」を聞くことができます。

★いちばん好きな…

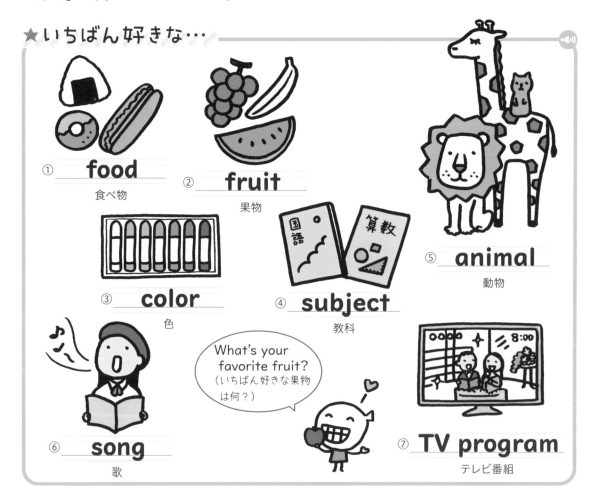

① food
食べ物

② fruit
果物

③ color
色

④ subject
教科

⑤ animal
動物

⑥ song
歌

What's your favorite fruit?
（いちばん好きな果物は何？）

⑦ TV program
テレビ番組

基本練習

→ 答えは別冊3ページ

🔊 06

1 会話を聞いて，何の話をしているのか（　）から選び，日本語で書きましょう。🔊

(1)

(2)

(3)

話題 …

話題 …

話題 …

（　スポーツ　ゲーム　アニメ　教科　習い事　動物　色　食べ物　）

2 (1) 「あなたのいちばん好きな食べ物は何ですか。」と英語で言ってみましょう。

☐ 言えたよ。🔊答え

┗ 言えたらここにチェックしよう。

(2) 言ったことを英語で下に書きましょう。左ページを見ながら書いても
かまいません。

What's your（　　　　　　　　）

┗ うすい字はなぞろう。

（　　　　　　　　　　）？

3 自分のいちばん好きな教科を下から選び，「わたしのいちばん好きな教科
は○○です。」と英語で言ってみましょう。

☐ 言えたよ。

English（英語）　　**social studies**（社会）　　**moral education**
Japanese（国語）　　**P.E.**（体育）　　（道徳）
math（算数）　　**arts and crafts**（図工）　　**calligraphy**（書写）
science（理科）　　**music**（音楽）

😊 できなかった問題は，復習しよう。

04 得意なことを言うには？

🔊07

「わたしは○○が得意です」は次のように言います。

I'm good at cooking.

わたしは料理が得意です。　　　　　　←得意なこと

I'm good at のあとには，次のような言葉を言います。

★ 得意なこと

① cooking
料理

② swimming
水泳

③ drawing
絵をかくこと

④ math
算数

⑤ singing
歌うこと

8ページのスポーツ名や，11ページの教科名もそのまま使えるよ。

⑥ the kendama
けん玉

⑦ video games
テレビゲーム

⑧ playing the piano
ピアノをひくこと

基本練習

→ 答えは別冊3ページ

1 自己紹介を聞いて，それぞれの人が得意だと言っているものを（　　）から選び，日本語で書きましょう。🔊

(1)

名前 … じゅん

得意 …

(2)

名前 … リリー

得意 …

(3)

名前 … ベン

得意 …

（　算数　　理科　　歌うこと　　ピアノをひくこと　　料理　　卓球　）

2 (1) 自分の得意なことについて，「わたしは○○が得意です。」と英語で言ってみましょう。左ページのほか，8ページのスポーツ名や，11ページの教科名などを自由に使ってもかまいません。

☐ 言えたよ。
　↖ 言えたらここにチェックしよう。

(2) 言ったことを下に書きましょう。左ページなどを見ながら書いてもかまいません。

　↖ うすい字はなぞろう。

（　　　　　　　　　　　　　　　　　　　　　　）。

😊 できなかった問題は，復習しよう。

05 誕生日を言うには？

09

自分の誕生<ruby>日<rt>たんじょう び</rt></ruby>は次のように言います。英語を聞いてください。

My birthday is May 5th.
わたしの誕生日は5月5日です。
← 5月　← 5日

月の名前と，日付の言い方です。自分の誕生日は言えるようにしておきましょう。

★月

1月	**January**	2月	**February**	3月	**March**
4月	**April**	5月	**May**	6月	**June**
7月	**July**	8月	**August**	9月	**September**
10月	**October**	11月	**November**	12月	**December**

★日付

SUN	MON	TUE	WED	THU	FRI	SAT
注意 **1st** first	注意 **2nd** second	注意 **3rd** third	**4th** fourth	注意 **5th** fifth	**6th** sixth	**7th** seventh
8th eighth	**9th** ninth	**10th** tenth	**11th** eleventh	注意 **12th** twelfth	**13th** thirteenth	**14th** fourteenth
15th fifteenth	**16th** sixteenth	**17th** seventeenth	**18th** eighteenth	**19th** nineteenth	注意 **20th** twentieth	注意 **21st** twenty-first
注意 **22nd** twenty-second	注意 **23rd** twenty-third	**24th** twenty-fourth	注意 **25th** twenty-fifth	**26th** twenty-sixth	**27th** twenty-seventh	**28th** twenty-eighth
29th twenty-ninth	注意 **30th** thirtieth	注意 **31st** thirty-first	数字に th をつけるだけ。でも 注意 は例外。注意 はつづりが変化するよ！			

基本練習

→ 答えは別冊 4 ページ

🔊10

1 自己紹介（じこしょうかい）を聞いて，それぞれの人物の誕生日を書きましょう。🔊

(1) あや

誕生日：

　　月　　　日

↖ 数字で書こう

(2)

ビル

誕生日：

　　月　　　日

(3) さくら

誕生日：

　　月　　　日

2 それぞれの日付を英語で言ってみましょう。

(1)

1月1日

☐ 言えたよ。🔊答え
↖ 言えたらここにチェックしよう。

(2)

2月14日

☐ 言えたよ。🔊答え

(3)

12月25日

☐ 言えたよ。🔊答え

3 (1) 自分の誕生日について，「わたしの誕生日は○月○日です。」と英語で
言ってみましょう。　☐ 言えたよ。

(2) 言ったことを英語で下に書きましょう。「○日」は 1st，2nd，3rd …
などのかんたんな書き方を使ってください。

My birthday is

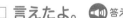

（　　　　　　　　　　　　　　　　　　　　　　　　）．

😊 できなかった問題は，復習しよう。

1 自己紹介の音声を聞いて，音声に合うものを線でつなぎましょう。

【各10点 計40点】

〈出身〉 〈得意なこと〉

(1)

中国

絵をかくこと

(2)

フランス

料理

(3)

カナダ

サッカー

(4)

ブラジル

歌うこと

→ 答えは別冊16ページ

学習日		得点
	月　　　日	╱100点

---

2 それぞれ A・B・C の音声を聞いて，絵に合うものを選び，記号を○で囲みましょう。 🔊

【各10点　計30点】

(1) 9月 7日

(2) 11月 11日

(3) 12月 14日

A　B　C　　　　A　B　C　　　　A　B　C

3 レオにインタビューしています。インタビューの音声を聞いて，メモを完成させましょう。 🔊

【各10点　計30点】

レオのインタビューメモ

好きな食べ物 ［　　　　　　　　　］

↖ 日本語で書こう。

好きなスポーツ ［　　　　　　　　　　　　　］

好きな教科 ［　　　　　　　　　　］

06 名所について話そう

自分の住む町にあるものを紹介するときの言い方を聞いてみましょう。

We have a castle.
（わたしたちの町には）お城があります。　←「お城」という意味。

町の名前をつけて，次のように言うこともできます。

We have a castle in Himeji.
姫路にはお城があります。　←「～には」

名所などの言い方を聞いてみましょう。

★名所いろいろ

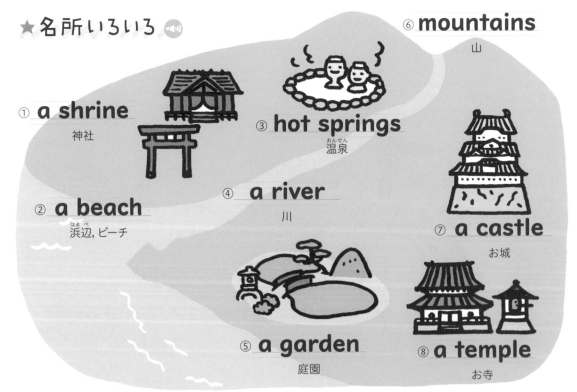

① a shrine
神社

② a beach
浜辺, ビーチ

③ hot springs
温泉

④ a river
川

⑤ a garden
庭園

⑥ mountains
山

⑦ a castle
お城

⑧ a temple
お寺

基本練習

→ 答えは別冊4ページ

1 3人が自分たちの町にあるものを紹介しています。それぞれ何を紹介しているか，線でつなぎましょう。🔊

(1)　(2)　(3)

2 (1) 自分の住んでいる町について，「わたしたちの町には○○があります。」と英語で言ってみましょう。

　□ 言えたよ。

(2) 言ったことを英語で下に書きましょう。左ページを見ながら書いてもかまいません。

We have (　　　　　　　　　　　)

　↳ うすい字はなぞろう。

in our town.

😊 できなかった問題は，復習しよう。

07 行事について話そう

14

季節の行事を英語で紹介するときには，次の言い方が使えます。

In summer, we have the Star Festival.

夏には七夕があります。

「星のお祭り」→「七夕」のこと

いろいろな行事の言い方を聞いてみましょう。

★ 季節の行事

③ **the Dolls' Festival**
ひな祭り

② **Children's Day**
こどもの日

① **spring**
春

⑤ **a fireworks festival**
花火大会

⑥ **the Star Festival**

④ **summer**
夏
七夕

⑩ **winter**
冬

⑦ **fall**
秋

⑪ **New Year's Eve**
おおみそか

⑧ **tsukimi**
月見

⑫ **New Year's Day**
お正月

⑨ **sports day**
運動会

1 3人が日本の季節の行事の紹介をしています。それぞれ何の行事を紹介しているか，線でつなぎましょう。🔊

(1)

(2)

(3)

・ ・ ・

・ ・ ・

2 (1) 今の季節（春・夏・秋・冬のいずれか）について，「(春・夏・秋・冬のいずれか）には○○があります。」と英語で言ってみましょう。

　□ 言えたよ。

(2) 言ったことを英語で下に書きましょう。左ページを見ながら書いてもかまいません。

In (　　　　　　　　　　), we have

↳ うすい字はなぞろう。

(　　　　　　　　　　　　　　　　　　　　　　　　).

😊 できなかった問題は，復習しよう。

08 季節の楽しみについて話そう 🔊16

日本ならではのことや，自分の住んでいる地方ならではのことで，四季それぞれで楽しめることは何ですか。次のように英語で紹介しましょう。

In spring, you can enjoy hanami.

春にはお花見を楽しめます。　　　　　「楽しむ」という意味。

★季節の楽しみ🔊

③ **hanami**　花見

⑥ **fireworks**　花火

⑤ **swimming**　水泳

② **the Dolls' Festival**　ひな祭り

① **spring**　春

④ **summer**　夏

⑩ **winter**　冬

⑦ **fall**　秋

⑧ **delicious food**　おいしい食べ物

⑪ **a snow festival**　雪祭り

⑨ **hiking**　ハイキング

⑫ **skiing**　スキー

022

1 3人が，ある季節に楽しめることを紹介しています。それぞれ何を楽しめると言っているのか，線で結びましょう。

(1)

(2)

(3)

・　　　　　・　　　　　・

・　　　　　・　　　　　・

2 (1) 自分の好きな季節（春・夏・秋・冬のいずれか）について，「（春・夏・秋・冬のいずれか）には○○を楽しめます。」と英語で言ってみましょう。

　　□ 言えたよ。

(2) 言ったことを英語で下に書きましょう。左ページを見ながら書いてもかまいません。

In (　　　　　　　　　　　　), you can

↳ うすい字はなぞろう。

enjoy (　　　　　　　　　　　　).

😊 できなかった問題は，復習しよう。

復習テスト ②

18

② 章 文化紹介

1

地図の中の４つの市の人が，自分の地域（ちいき）の紹介（しょうかい）をしています。音声を聞いて，どの市の人か記号で答えましょう。

【各10点 計40点】

(1) (2) (3) (4)

ア．北海道札幌市（さっぽろ）

イ．大分県別府市（べっぷ）

ウ．兵庫県姫路市（ひめじ）

エ．京都府京都市

答えは別冊16ページ

学習日	得点
月　日	／100点

2

3人が，季節の行事や楽しめることを紹介しています。どの季節について話しているのか○で囲み，紹介していることを線でつなぎましょう。🔊

【各20点　計60点】

(1)

春　夏　秋　冬

(2)

春　夏　秋　冬

(3)

春　夏　秋　冬

学習日

月　　日

09 何時に起きる？

🔊 19

「何時に起きますか？」は次のように言います。

What time do you get up?

あなたは何時に起きますか。

← 「起きる」という意味。

1日の生活ですることの言い方を聞いてみましょう。What time do you のあとに言うと，「何時に〜しますか」と質問できます。

★1日の生活 🔊

Start!

① **get up**
起きる

⑦ **go to bed**
ねる

② **have breakfast**
朝食を食べる

⑥ **have dinner**
夕食を食べる

おはよー

⑤ **take a bath**
おふろに入る

④ **have lunch**
昼食を食べる

③ **go to school**
学校に行く

基本練習

→ 答えは別冊6ページ

🔊 20

1 音声を聞いて，聞こえた順に記号を書きましょう。🔊

(1)	→	(2)	→	(3)

ア　　　　　　　　イ　　　　　　　　ウ

2 (1) 「あなたは何時に起きますか。」とふだんの生活をたずねる文を英語で言ってみましょう。

□ 言えたよ。🔊 答え

(2) 言ったことを英語で下に書きましょう。左ページを見ながら書いてもかまいません。

(　　　　　　　　　) time do you

↳ うすい字はなぞろう。

(　　　　　　　　　) up?

3 (1) 「あなたは何時に学校に行きますか。」とふだんの生活をたずねる文を英語で言ってみましょう。

□ 言えたよ。🔊 答え

(2) 「あなたは何時にねますか。」とたずねる文を英語で言ってみましょう。

□ 言えたよ。🔊 答え

😊 できなかった問題は，復習しよう。

1章

2章

3章 日常生活

4章

5章

6章

7章

8章

学習日　　月　　日

10 1日の生活について話そう

21

「わたしは6時半に起きます。」のように自分のふだんの生活の時間を伝えるには，次のように言います。

6:30 は six thirty だね。数字をならべて読むだけだよ。

I get up at 6:30.
わたしは6時30分に起きます。　← at のあとに時刻を言う。

8:00 は eight. 10:00 は ten と言うだけでOKだよ。

自分の1日について話せるようになりましょう。

 06:30 **get up**
起きる

 07:30 **have breakfast**
朝食を食べる

 08:00 **go to school**
学校に行く

 12:00 **have lunch**
昼食を食べる

 03:30 **go home**
家に帰る

 05:00 **do my homework**
宿題をする

 07:00 **have dinner**
夕食を食べる

 08:30 **watch TV**
テレビを見る

 10:00 **go to bed**
ねる

基本練習

答えは別冊6ページ

22

1 英語を聞いて，アレックスのふだんの朝の生活時間について，時刻(じこく)を数字で書きましょう。

(1) 起きる時間：

↖ 数字で書こう

(2) 朝食の時間：

(3) 学校に行く時間：

2 絵に合わせて，「わたしは○時に〜します。」と英語で言ってみましょう。

(1) 07:00
起きる

□ 言えたよ。 ◀))答え
↖ 言えたらここにチェックしよう。

(2) 12:30
昼食を食べる

□ 言えたよ。 ◀))答え

(3) 06:30
宿題をする

□ 言えたよ。 ◀))答え

3 (1) エマの質問を聞いて，自分が実際にしている時間を答えましょう。 ◀))

What time do you watch TV?

□ 言えたよ。

(2) 言ったことを英語で下に書きましょう。左ページを見ながら書いてもかまいません。時刻は数字で書きましょう。

😊 できなかった問題は，復習しよう。

11 ふだんしていることを言おう

23

学校以外でふだん何をしているのか聞きたいときは，たとえば次のように言います。

What do you do on Sundays?

あなたは日曜日には（ふだん）何をしますか。

ふだんしていることを伝えるには，次のように言います。

I play tennis.

わたしはテニスをします。　　← ふだんすることを言う。

★ ふだんすること

② __watch TV__
テレビを見る

① **play the piano**
ピアノをひく

③ __read books__
本を読む

④ __clean my room__
部屋をそうじする

⑤ __practice soccer__
サッカーを練習する

「いつも」「たいてい」「ときどき」は，I のあとに右の英語を入れればOKです。

always いつも ← 100％！
usually たいてい ← 80％くらい！
sometimes ときどき ← 50％くらい！

基本練習

→ 答えは別冊7ページ

🔊 24

1 3人に，日曜日にすることをインタビューしました。インタビューを聞いて，それぞれの人がすることを下の（　）から選び，日本語で書きましょう。🔊

| すること： | すること： | すること： |

（　サッカーの練習　ピアノをひく　読書　部屋のそうじ　）

2「あなたは日曜日に何をしますか。」と英語で言ってみましょう。

　□ 言えたよ。　🔊答え

3 (1) 自分が実際に日曜日にすることを，「わたしはたいてい○○します。」
　　と英語で言ってみましょう。

　　□ 言えたよ。

　(2) 言ったことを英語で下に書きましょう。左ページを見ながら書いても
　　かまいません。

😊 できなかった問題は，復習しよう。

12 ふだんしているか聞こう

🔊25

「あなたはピアノをひきますか。」は次のように言います。

Do you play the piano?
あなたはピアノをひきますか。

play the piano の部分を変えると，いろいろなことについて，ふだんするかどうか聞くことができます。

★ ふだんすること 🔊

① **play tennis**
テニスをする

② **play baseball**
野球をする

③ **cook**
料理する

④ **eat breakfast**
朝食を食べる

⑤ **speak English**
英語を話す

⑥ **wash the dishes**
お皿を洗う

⑦ **read comic books**
まんがを読む

ふだんのことだから，Do you play tennis? は「テニスをする人ですか？」のような意味だよ。

答えるときは，右のように Yes か No で答えます。

🔊

| **Yes, I do.** | はい，します。 |
| **No, I don't.** | いいえ，しません。 |

1 マイクに，ふだんすることについてインタビューしました。インタビューを聞いて，することには○を，しないことには×を書きましょう。🔊

↖ ○か×を書こう。

2 絵に合わせて，「あなたは○○しますか。」と英語で言ってみましょう。

(1) お皿を洗う
□ 言えたよ。🔊 答え
↖ 言えたらここにチェックしよう。

(2) 朝食を食べる
□ 言えたよ。🔊 答え

(3) 料理をする
□ 言えたよ。🔊 答え

3 (1)「あなたはテニスをしますか。」とたずねる文を英語で言ってみましょう。
　　□ 言えたよ。🔊 答え

(2) 言ったことを英語で下に書きましょう。左ページを見ながら書いてもかまいません。

Do you (　　　　　　　　　　　)?
↖ うすい字はなぞろう。

🙂 できなかった問題は，復習しよう。

1

それぞれ A・B の音声を聞いて, 絵に合うほうを選び, 記号を○で囲みましょう。

【各10点 計30点】

(1)　　　　　　　　(2)　　　　　　　　(3)

A　B　　　　　A　B　　　　　A　B

2

会話を聞いて, それぞれの人物が何を何時にしているのか, 線でつなぎましょう。

【各10点 計30点】

(1) 　　　•

　　　•7:30

(2) 　　　•

　　　•8:30

(3) 　　　•

　　　•9:00

答えは別冊17ページ

学習日	得点
月　　日	／100点

3

ルーシーへのインタビューの音声を聞いて，メモを完成させましょう。

【各10点　計40点】

ルーシーのインタビューメモ

登校時間 [　　:　　]

↖ 数字で書こう

帰宅時間 [　　:　　]

日曜にすること [　　　　　]

↖ 日本語で書こう

演奏する楽器 [　　　　　]

学習日

月　　日

13 町の建物を紹介しよう

🔊 28

次の英語を使って，自分たちの町にどんな建物があるのかを紹介^{しょうかい}できます。

We have <u>a park</u> in our town.

わたしたちの町には公園があります。　← 町にあるものを言う。

「大きな公園」などと言いたいときは次のように言います。

We have a big park in our town.

わたしたちの町には大きな公園があります。　←「大きい」という意味

いろいろな建物やお店・施設^{しせつ}などの名前を言えるようになりましょう。

★ 町の建物 🔊

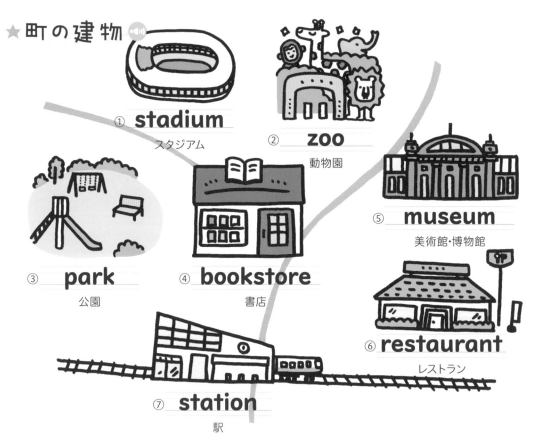

① **stadium**
スタジアム

② **zoo**
動物園

③ **park**
公園

④ **bookstore**
書店

⑤ **museum**
美術館・博物館

⑥ **restaurant**
レストラン

⑦ **station**
駅

基本練習

答えは別冊 8 ページ

🔊 29

1 英語を聞いて，それぞれの人の町にあるものを選び，記号を○で囲みましょう。🔊

(1)

ア

イ

(2)

ア

イ

2 (1) 実際に自分の町にあるものを 1 つ選んで，「わたしたちの町には○○があります。」と英語で言ってみましょう。

☐ 言えたよ。

(2) 言ったことを英語で下に書きましょう。左ページを見ながら書いてもかまいません。

We have a (　　　　　　　　　　　　)

↳ うすい字はなぞろう。

in our town.

😊 できなかった問題は，復習しよう。

14 見られるものを伝えよう

🔊 30

きれいな自然など，あなたの町に来たら見られるものを伝えましょう。

You can see many stars.

たくさんの星が見られます。　　　　　　　↖ 見られるものを言う。

You can see ○○. は「あなたは○○が見られます。」という意味です。自然など
の言い方を英語で聞いてみましょう。

★ 町で見られるもの 🔊

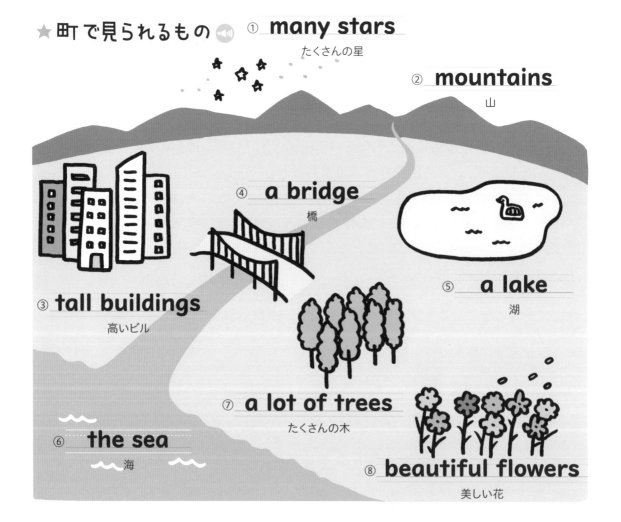

① **many stars**
たくさんの星

② **mountains**
山

④ **a bridge**
橋

⑤ **a lake**
湖

③ **tall buildings**
高いビル

⑦ **a lot of trees**
たくさんの木

⑥ **the sea**
海

⑧ **beautiful flowers**
美しい花

1 英語を聞いて，それぞれの人の町で見られるものを選び，記号を○で囲みましょう。🔊

(1)
  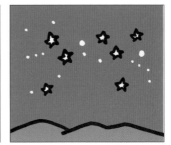

ア　　　　　　　　　イ

(2)

ア　　　　　　　　　イ

2 (1) 実際に自分の町に来たら見られるものを1つ選んで，「○○が見られます。」と言ってみましょう。

　　□ 言えたよ。

(2) 言ったことを英語で下に書きましょう。左ページを見ながら書いてもかまいません。

You can see

↑ うすい字はなぞろう。

😊 できなかった問題は，復習しよう。

15 町で楽しめることを伝えよう 🔊 32

あなたの町に来たら，どんなことを楽しめますか。楽しめることを紹介するときは次のように言います。

You can enjoy <u>fishing.</u>
つりを楽しめます。　　　　　楽しめることを言う。

enjoy は「楽しむ」という意味です。あなたの町で楽しめる活動を紹介してみましょう。

★ いろいろな活動 🔊

① **hiking**
ハイキング

② **skiing**
スキー

③ **camping**
キャンプ

④ **swimming**
水泳

⑤ **bird-watching**
バードウォッチング

⑥ **jogging**
ジョギング

⑦ **fishing**
つり

⑧ **shopping**
ショッピング

基本練習

→ 答えは別冊9ページ

1 英語を聞いて，それぞれの人の町で楽しめることを選び，記号を○で囲みましょう。◀))

(1)

　　　　　　　　　　　　　ア　　　　　　　　　　イ

(2)

　　　　　　　　　　　　　ア　　　　　　　　　　イ

2 (1) 実際に自分の町に来たら楽しめるものを1つ選んで，「○○を楽しめます。」と英語で言ってみましょう。

□ 言えたよ。

(2) 言ったことを英語で下に書きましょう。左ページを見ながら書いてもかまいません。

You can enjoy

↖ うすい字はなぞろう。

☺ できなかった問題は，復習しよう。

復習テスト ④

1

左の単語の音声を聞いて，それぞれが表すものを線でつなぎましょう。

【各5点 計30点】

(1) star ・

(2) sea ・

(3) river ・

(4) tree ・

(5) lake ・

(6) flower ・

2

それぞれ A・B の音声を聞いて，絵に合うほうを選び，記号を○で囲みましょう。

【各10点 計30点】

(1)

A B

(2)

A B

(3)

A B

答えは別冊17ページ

学習日		得点
月	日	／100点

3 アレックスの発表を聞いて，メモを完成させましょう。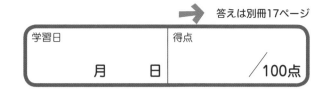 【各10点 計40点】

アレックスの発表

町にあるもの	

 日本語で書こう

見られるもの	

楽しめること①	

楽しめること②	

Our Town

学習日　　月　　日

16 どこに行ったか言おう

🔊 35

休みの日などにどこへ行ったのかを言うときは，次のように言います。英語を聞いてみてください。

In summer, I went to the sea.
夏にわたしは海に行きました。　←行ったところを言う。

「〜へ行った」と言うときは went to を使います。

| went to 〜 | 〜に行った |

いろいろな場所の言い方を聞いてみましょう。みなさんは夏休みにどこへ行きましたか。

★いろいろな場所 🔊

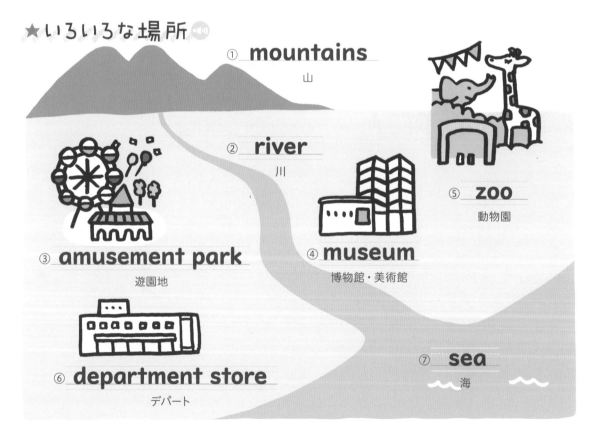

① **mountains** 山
② **river** 川
③ **amusement park** 遊園地
④ **museum** 博物館・美術館
⑤ **zoo** 動物園
⑥ **department store** デパート
⑦ **sea** 海

基本練習

→ 答えは別冊9ページ

🔊
36

1 英語を聞いて，それぞれの人が行ったところを選び，線でつなぎましょう。🔊

(1)
マイク

(2)
リサ

(3)
エマ

遊園地

海

博物館・美術館

動物園

2 「夏にわたしは海に行きました。」と英語で言ってみましょう。

□ 言えたよ。🔊答え

3 (1) 自分が実際に夏休みに行ったところを1つ選んで，「わたしは夏に
○○に行きました。」と英語で言ってみましょう。

□ 言えたよ。

(2) 言ったことを英語で下に書きましょう。左ページを見ながら書いても
かまいません。

In summer, I went to the

└ うすい字はなぞろう。

(　　　　　　　　　　　　　　　　　).

😊 できなかった問題は，復習しよう。

17 楽しんだことを言おう

🔊 37

楽しんだことは，次のように言うことができます。英語を聞いてください。

I enjoyed camping.

わたしはキャンプを楽しみました。　← 楽しんだことを言う。

★ 楽しんだこと 🔊

① **fishing**
つり

② **swimming**
水泳

③ **shopping**
買い物

④ **hiking**
ハイキング

食べたものや見たものは，次のように言います。

I ate watermelon.

わたしはすいかを食べました。　← 食べたもの。

I saw a lot of stars.

わたしはたくさんの星を見ました。　← 見たもの。

★ 食べたもの 🔊 I ate ...

① **watermelon**
すいか

② **ice cream**
アイスクリーム

③ **shaved ice**
かき氷

★ 見たもの 🔊 I saw ...

④ **stars**
星

⑤ **animals**
動物

⑥ **fireworks**
花火

基 本 練 習

答えは別冊10ページ

◀)) 38

1 英語を聞いて，次の2人が楽しんだことや食べたものを，それぞれ日本語で書きましょう。◀)

(1) ゆか

(2) ジム

楽しんだこと：

楽しんだこと：

食べたもの：

食べたもの：

2 「わたしはつりを楽しみました。」と英語で言ってみましょう。

□ 言えたよ。 ◀)) 答え

3 (1) あなたが実際に夏休みに楽しんだことを1つ選んで，「わたしは○○を楽しみました。」と英語で言ってみましょう。

□ 言えたよ。

(2) 言ったことを英語で下に書きましょう。左ページを見ながら書いてもかまいません。

I (   )
.

うすい字はなぞろう。

☺ できなかった問題は，復習しよう。

18 感想を言おう

 39

「楽しかったです。」のように感想を言うときには，次のように言います。英語を聞いてください。

It was <u>fun</u>.

それは楽しかったです。 ← 「楽しいこと」という意味。

いろいろな感想の言い方を英語で聞いてみましょう。

★ 感 想 🔊 It was ...

① **good**
よい

② **great**
すごい

③ **fantastic**
すばらしい

④ **exciting**
わくわくする

⑤ **delicious**
とてもおいしい

⑥ **beautiful**
美しい

基本練習

答えは別冊10ページ

40

1 英語を聞いて，それぞれの人のしたことと感想を線でつなぎましょう。

(1) さやか

(2) マイク

(3) エマ

すごかった

わくわくした

とてもおいしかった

2 (1) 「それはよかったです。」と英語で言ってみましょう。

　　□ 言えたよ。　答え

(2) 言ったことを英語で下に書きましょう。左ページを見ながら書いても
　　かまいません。

It was (　　　　　　　　　　).

↑ うすい字はなぞろう。

😊 できなかった問題は，復習しよう。

復習テスト❺

5章 夏休みの思い出

1

それぞれ A・B の音声を聞いて，絵に合うほうを選び，記号を○で囲みましょう。

【各10点 計30点】

A　　　B　　　　A　　　B　　　　A　　　B

2

音声を聞いて，それぞれの人が夏休みにしたことを線でつなぎましょう。

【各10点 計30点】

 ・　　　　　・

 ・　　　　　・

 ・　　　　　・

答えは別冊18ページ

学習日	得点
月　日	／100点

3 あゆみの発表を聞いて，その内容に合う絵を<u>2つ</u>選び，記号を○で囲みましょう。

【各20点　計40点】

ア

イ

ウ

19 いちばんの思い出は？

🔊 42

小学校生活でいちばんの思い出は何かを聞きたいときは，次のように言います。

What's your best memory?
あなたのいちばんの思い出は何ですか。

答えるときは，次のように言います。

My best memory is our school trip.
わたしのいちばんの思い出は修学旅行です。　　← 学校行事などを言う。

いろいろな学校行事は，英語でどう言うのでしょうか。

★学校行事 🔊

① **entrance ceremony**
入学式

② **field trip**
遠足

③ **school trip**
修学旅行

④ **drama festival**
学芸会

⑤ **music festival**
音楽祭

⑥ **sports day**
運動会

⑦ **swimming meet**
水泳大会

基本練習

→ 答えは別冊11ページ

1 いちばんの思い出をインタビューしています。それぞれの人が何の行
事がいちばんの思い出だと言っているのか，線でつなぎましょう。

(1) 　(2) 　(3)

・　　　　　・　　　　　・

・　　　　　・　　　　　・

2 「あなたのいちばんの思い出は何ですか。」と英語で言ってみましょう。

　□ 言えたよ。 答え

3 (1) 自分がいちばん思い出に残っている学校行事を１つ選んで，「わたしの
いちばんの思い出は○○です。」と英語で言ってみましょう。

　□ 言えたよ。

(2) 言ったことを英語で下に書きましょう。左ページを見ながら書いても
かまいません。

My best memory is our

└ うすい字はなぞろう。

(　　　　　　　　　　　　　　　)。

😊 できなかった問題は，復習しよう。

学習日

月　日

20 小学校でしたことを言おう

 44

したことを言うときは，次のように言います。英語を聞いてみてください。

We went to Nikko.
わたしたちは日光に行きました。

We saw a beautiful temple.
わたしたちは美しいお寺を見ました。

We enjoyed camping.
わたしたちはキャンプを楽しみました。

We ate curry and rice.
わたしたちはカレーライスを食べました。

いろいろな言い方をチェックしましょう。

We went to ...
わたしたちは行きました…

① the sea　② Tokyo
　　海　　　　東京

We saw ...
わたしたちは見ました…

③ a lot of stars
　　たくさんの星

We enjoyed ...
わたしたちは楽しみました…

④ talking　⑤ camping
　おしゃべり　　キャンプ

We ate ...
わたしたちは食べました…

⑥ curry and rice
　　カレーライス

基本練習

➡ 答えは別冊11ページ

🔊45

1 3人が思い出を語っています。それぞれの人が何の思い出を語っているのか，線でつなぎましょう。🔊

(1)
あや

(2)
さやか

(3)
アレックス

2 (1)「わたしたちは京都に行きました。」と英語で言ってみましょう。

□ 言えたよ。🔊答え

(2) 言ったことを英語で下に書きましょう。左ページを見ながら書いてもかまいません。

We （　　　　　）（　　　）Kyoto.

↳ うすい字はなぞろう。

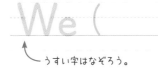 できなかった問題は，復習しよう。

21 思い出の感想を言おう

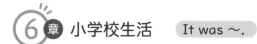

46

思い出の感想を聞きたいときは次のように言います。英語を聞いてください。

How was it?
どうでしたか。

こんなふうに使えます。

I went to Nikko.
わたしは日光に行きました。

How was it?
どうでしたか。

It was great.
すごかったです。

いろいろな感想の言い方を聞いてみましょう。

★ いろいろな感想

① **It was great.**
すごかったです。

② **It was fantastic.**
すばらしかったです。

④ **It was hot.**
暑かったです。

⑤ **It was beautiful.**
美しかったです。

③ **It was exciting.**
わくわくしました。

⑥ **It was a lot of fun.**
とても楽しかったです。

基本練習

答えは別冊12ページ

🔊 47

1 英語を聞いて，それぞれの人のいちばんの思い出と，その感想を線でつなぎましょう。🔊

(1)

(2)

(3)

美しかった

暑かった

とても楽しかった

2 (1)「どうでしたか。」と英語で言ってみましょう。

□ 言えたよ。🔊答え

(2) 言ったことを英語で下に書きましょう。左ページを見ながら書いても
かまいません。

😊 できなかった問題は，復習しよう。

1

それぞれ A・B の音声を聞いて，絵に合うほうを選び，記号を◯で囲みましょう。

【各5点 計30点】

(1) A B

(2) A B

(3) A B

(4) A B

(5) A B

(6) A B

2

左の単語の音声を聞いて，それぞれが表す学校行事を線でつなぎましょう。

【各5点 計20点】

(1) **sports day** ・　　　　　　・ 入学式

(2) **music festival** ・　　　　　　・ 学芸会

(3) **entrance ceremony** ・　　　　・ 音楽祭

(4) **drama festival** ・　　　　　　・ 運動会

答えは別冊18ページ

3 てつやが，小学校生活の思い出について発表しています。音声を聞いて，メモを完成させましょう。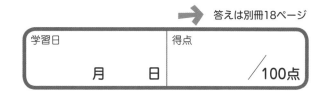

【各10点　計50点】

てつやの小学校の思い出

いちばんの思い出	

← 日本語で書こう

行ったところ	
見たもの	
食べたもの	
楽しんだこと	

学習日　　月　　日

22 テニス部に入りたい！

🔊 49

中学校でどんな部活動に入りたいかは次のように言います。

I want to join the soccer team.

わたしはサッカー部に入りたいです。

↖ 入りたい部活動を言う。

あなたはどんな部活動に入りたいですか。

★ 部活動 🔊

① **brass band**
ブラスバンド, 吹奏楽部

② **art club**
美術部

③ **tennis team**
テニス部

④ **kendo team**
剣道部

⑤ **basketball team**
バスケットボール部

⑥ **baseball team**
野球部

⑦ **table tennis team**
卓球部

⑧ **soccer team**
サッカー部

⑨ **cooking club**
料理部

運動部はteam, 文化部はclubと言うことが多いよ。

基本練習

→ 答えは別冊12ページ

🔊 50

1 英語を聞いて，それぞれの人の入りたい部活動を1つずつ選び，記号を○で囲みましょう。🔊

(1)
けんた

(2)
さやか

(3)
アレックス

(1)	(2)	(3)
ア．バドミントン部	ア．野球部	ア．ブラスバンド
イ．卓球部	イ．バスケットボール部	イ．料理部
ウ．テニス部	ウ．バレーボール部	ウ．美術部

2 (1) 自分が中学校で入りたい部活動を1つ選んで，「わたしは○○部に入りたいです。」と英語で言ってみましょう。

□ 言えたよ。

(2) 言ったことを英語で下に書きましょう。左ページを見ながら書いてもかまいません。

I want to join the

↰ うすい字はなぞろう。

(　　　　　　　　　　　　　　　　　　).

😊 できなかった問題は，復習しよう。

学習日　　月　　日

23 中学校でしたいこと

🔊 51

「わたしは○○したいです。」は次のように言います。

I want to make a lot of friends.
わたしはたくさんの友達をつくりたいです。

want to のあとに，したいことを言えばいいのですね。「中学校で」は右のように言います。

I want to make a lot of friends in junior high school.
← 「中学校」という意味。

★ 中学校でしたいこと 🔊

I want to のあとに言えば，「…したい」の意味になるよ。

① **play tennis**
テニスをする

② **make a lot of friends**
友達をたくさんつくる

③ **enjoy the school festivals**
学園祭を楽しむ

④ **study hard**
一生けんめい勉強する

⑤ **read a lot of books**
本をたくさん読む

基本練習

→ 答えは別冊13ページ

🔊 52

1 英語を聞いて，それぞれの人が中学校でしたいと言っていることを線でつなぎましょう。🔊

(1) じゅん

・

(2) エマ

・

・   ・   ・

2 (1) 「わたしは友達をたくさんつくりたいです。」と英語で言ってみましょう。

□ 言えたよ。 🔊 答え

(2) 言ったことを英語で下に書きましょう。左ページを見ながら書いても かまいません。

I want to (

↖ うすい字はなぞろう。

）．

😊 できなかった問題は，復習しよう。

学習日　月　日

24 歌手になりたい！

53

なりたい職業を聞きたいときは，次のように言います。

What do you want to be?
あなたは何になりたいですか。

なりたい職業は，右のように言います。いろいろな職業の言い方を聞いてみましょう。

I want to be a singer.
わたしは歌手になりたいです。　　← なりたい職業を言う。

★ 職業

① a singer
歌手

② a zookeeper
動物園の飼育員

③ a scientist
科学者

④ a doctor
医師

⑤ a teacher
教師

⑥ an artist
芸術家

⑦ a comedian
コメディアン

⑧ a florist
花屋さん

⑨ a cook
料理人

⑩ a vet
獣医師

⑪ a soccer player
サッカー選手

基本練習

→ 答えは別冊13ページ

🔊 54

1 英語を聞いて，それぞれの人が将来なりたいものを1つずつ選び，記号を○で囲みましょう。🔊

(1) ジェーン

ア．教師
イ．医師
ウ．獣医師

(2) ノア

ア．サッカー選手
イ．野球選手
ウ．動物園の飼育員

(3) リナ

ア．花屋さん
イ．芸術家
ウ．科学者

2 「あなたは何になりたいですか。」と英語で言ってみましょう。

□ 言えたよ。🔊答え

3 (1) 自分が実際になりたいものを1つ選んで，「わたしは○○になりたいです。」と英語で言ってみましょう。

□ 言えたよ。

(2) 言ったことを英語で下に書きましょう。左ページを見ながら書いてもかまいません。

↳ うすい字はなぞろう。

( )。

😊 できなかった問題は，復習しよう。

1

それぞれ A・B の音声を聞いて，絵に合うほうを選び，記号を○で囲みましょう。

【各6点　計36点】

(1)　A　　B

(2)　A　　B

(3)　A　　B

(4)　A　　B

(5)　A　　B

(6)　A　　B

2

左の単語の音声を聞いて，それぞれが表す職業を線でつなぎましょう。

【各6点　計24点】

(1) doctor　　・

(2) teacher　　・

(3) scientist　・

(4) artist　　　・

・　教師

・　医師

・　芸術家

・　科学者

答えは別冊19ページ

3

ゆうとが，中学校でしたいことや将来の夢について発表しています。音声を聞いて，メモを完成させましょう。🔊

【各10点　計40点】

ゆうとの将来の夢

好きなスポーツ

↖ 日本語で書こう

入りたい部活動

得意なこと

なりたい職業

25 あいさつをしよう

🔊 56

あいさつの言い方を復習しましょう。いろいろなあいさつがありますね。🔊

☆会ったとき

Hello. はいつでも使えるよ！

Hello.
こんにちは。

**Hello.
How are you?**
こんにちは。お元気ですか。

**I'm good,
thank you.**
元気です，ありがとう。

Good morning.
おはようございます。〈午前中〉

Good afternoon.
こんにちは。〈午後〉

Good evening.
こんばんは。〈夕方〜夜〉

☆初対面

Nice to meet you.
はじめまして。

Nice to meet you, too.
こちらこそはじめまして。

☆お礼

Here you are.
はい，どうぞ。

Thank you.
ありがとう。

You're welcome.
どういたしまして。

1 それぞれの場面に合うように, ふきだしの内容を英語で言ってみましょう。

(1) となりのクラスの人にあいさつされたよ。

Hello.

こんにちは。
お元気ですか。

□ 言えたよ。 🔊答え

(2) 朝, 登校中に友達にあいさつされたよ。

Good morning.

おはよう！

□ 言えたよ。 🔊答え

(3) 夕方会った友達に声をかけよう。

こんばんは。

□ 言えたよ。 🔊答え

(4) 初対面のあいさつをされた。
あいさつを返そう。

Nice to meet you.

こちらこそはじめまして。

□ 言えたよ。 🔊答え

2 (1) 「ありがとう。」と英語で言ってみましょう。

□ 言えたよ。 🔊答え

(2) 言ったことを英語で下に書きましょう。

_____

_____

😊 できなかった問題は, 復習しよう。

学習日 　月 　日

26 おたがいのことを紹介しよう
🔊 58

自己紹介でよく使う言い方や，相手のことを質問する言い方を復習しましょう。🔊

☆好きなことを話す

Do you like spaghetti?
スパゲッティは好きですか。

Yes, I do.
はい，好きです。

No, I don't.
いいえ，好きではありません。

What sport do you like?
何のスポーツが好きですか。

I like badminton.
わたしはバドミントンが好きです。

☆年れい

How old are you?
何さいですか。

I'm eleven.
わたしは11さいです。

☆誕生日

When is your birthday?
あなたの誕生日はいつですか。

My birthday is May 5th.
わたしの誕生日は5月5日です。

基本練習

→ 答えは別冊14ページ

🔊 59

1 それぞれの場面に合うように, ふきだしの内容を英語で言ってみましょう。

(1) この人, ねこ好きなのかな？ 聞いてみよう。

あなたはねこが好きですか。

□ 言えたよ。 🔊答え

(2) テニスが好きかどうか聞かれた。 答えよう。

Do you like tennis?

はい, 好きです。

□ 言えたよ。 🔊答え

(3) 小さい子が遊びに来たよ。何さいか聞いてみよう。

あなたは何さいですか。

□ 言えたよ。 🔊答え

(4) 友達に「もうすぐわたしの誕生日なの」と言われた。

あなたの誕生日はいつですか。

□ 言えたよ。 🔊答え

2 (1)「わたしの誕生日は○月○日です。」と自分の誕生日を英語で言ってみましょう。14ページを見てもかまいません。

□ 言えたよ。

(2) 言ったことを英語で下に書きましょう。

_____

_____

😊 できなかった問題は, 復習しよう。

学習日　　月　　日

27 自分のことを発表しよう

🔊 60

自分のことや家族のことを発表するときに使える英語を復習しましょう。🔊

☆自分のこと

I'm from Tokyo, Japan.
わたしは日本の東京の出身です。

I can ride a unicycle.
わたしは一輪車に乗れます。

I get up at 6:30.
わたしは6時30分に起きます。

☆家族や友達のこと

This is my mother.
これはわたしの母です。

She is kind.
かのじょ
彼女は親切です。

☆夏休みのこと

I went to the zoo.
わたしは動物園に行きました。

☆将来のこと

しょうらい

I want to be a cook.
わたしは料理人になりたいです。

I want to be a doctor.
わたしは医師になりたいです。

1 それぞれの場面に合うように，ふきだしの内容を英語で言ってみましょう。

(1) 出身地を聞かれたよ。

わたしは大阪の出身です。

□ 言えたよ。 🔊答え

(2) 朝，何時に起きるか聞かれたよ。

わたしは6時に起きます。

□ 言えたよ。 🔊答え

(3) 夏休みにどこに行ったか聞かれたよ。

わたしは海（the sea）に
行きました。

□ 言えたよ。 🔊答え

(4) 将来何になりたいか聞かれたよ。

わたしは教師（a teacher）に
なりたいです。

□ 言えたよ。 🔊答え

2 (1) 自分の実際の出身地で，「わたしは○○の出身です。」と英語で言って
みましょう。

□ 言えたよ。

(2) 言ったことを英語で下に書きましょう。

_____

😊 できなかった問題は，復習しよう。

28 日常のやりとりをしよう

62

天気や時間など，日常のやりとりをするときの英語を復習しましょう。

☆ 天気の話

How's the weather?
天気はどうですか。

It's sunny.
晴れています。

☆ 時刻の話

What time is it?
今，何時ですか。

It's 12:30.
12時30分です。

☆ 曜日の話

What day is it?
何曜日ですか。

Fri
3日

It's Friday.
金曜日です。

☆ 何ですか？

What's this?
これは何ですか。

It's a pencil case.
筆箱です。

☆ 数の話

How many?
いくつ？

Five, please.
5個ください。

基本練習

→ 答えは別冊14ページ

◀)) 63

1 それぞれの場面に合うように，ふきだしの内容を英語で言ってみましょう。

(1) 遠くに住んでいる人から，こっちの天気を聞かれたよ。

晴れです。

☐ 言えたよ。 ◀)) 答え

(2) 時差のある海外にいる友達から，日本が今何時か聞かれたよ。

11 時です。

☐ 言えたよ。 ◀)) 答え

(3) 「今日は何曜日だっけ？」と友達に聞かれたよ。

月曜日です。

☐ 言えたよ。 ◀)) 答え

(4) 外国の人に「これは何？」って聞かれた。緑茶のこと，教えてあげよう。

お茶です。

☐ 言えたよ。 ◀)) 答え

2 (1) 「今，何時ですか。」と英語で言ってみましょう。

☐ 言えたよ。 ◀)) 答え

(2) 言ったことを英語で下に書きましょう。

😊 できなかった問題は，復習しよう。

075

29 注文や道案内をしよう

 64

食事の注文や，道案内のやりとりの英語を復習しましょう。

☆食事の注文

Let's go to a restaurant.
レストランに行こう。

I'd like a hamburger. How much is it?
ハンバーガーがほしいです。いくらですか。

It's 200 yen.
200円です。

☆道案内

Excuse me. Where is the station?
すみません。駅はどこですか。

Go straight for two blocks and turn right.
まっすぐ2ブロック行って，右に曲がってください。

Go straight and turn left at the first corner.
まっすぐ行って，最初の角を左に曲がってください。

基本練習

答えは別冊15ページ

1 それぞれの場面に合うように，ふきだしの内容を英語で言ってみましょう。

(1) レストランで注文。何がほしいか聞かれたよ。

ピザ（pizza）がほしいです。

□ 言えたよ。 🔊答え

(2) 家族でチャリティーバザー。値段を聞かれたよ。

500円です。

□ 言えたよ。 🔊答え

(3) 観光客に，駅がどこか聞かれたよ。

まっすぐ行って
右に曲がってください。

□ 言えたよ。 🔊答え

(4) 今度は警察署の場所を聞かれたよ。

まっすぐ行って，最初の角を
左に曲がってください。

□ 言えたよ。 🔊答え

2 (1)「動物園はどこですか。」と英語で言ってみましょう。

□ 言えたよ。 🔊答え

(2) 言ったことを英語で下に書きましょう。 （動物園：the zoo）

_____

_____

😊 できなかった問題は，復習しよう。

ローマ字表（ヘボン式）

・英語の中で自分の名前を書くときなどに，この表を参考にしてください。
・この表は「ヘボン式」で，英語の中で書くときにふつう使われる書き方です。
・赤い文字の部分が，3年生の国語で習う「訓令式」とちがいます。

	a	i	u	e	o			
ア行	a ア	i イ	u ウ	e エ	o オ			
k カ行	ka カ	ki キ	ku ク	ke ケ	ko コ	kya キャ	kyu キュ	kyo キョ
s サ行	sa サ	shi シ	su ス	se セ	so ソ	sha シャ	shu シュ	sho ショ
t タ行	ta タ	chi チ	tsu ツ	te テ	to ト	cha チャ	chu チュ	cho チョ
n ナ行	na ナ	ni ニ	nu ヌ	ne ネ	no ノ	nya ニャ	nyu ニュ	nyo ニョ
h ハ行	ha ハ	hi ヒ	fu フ	he ヘ	ho ホ	hya ヒャ	hyu ヒュ	hyo ヒョ
m マ行	ma マ	mi ミ	mu ム	me メ	mo モ	mya ミャ	myu ミュ	myo ミョ
y ヤ行	ya ヤ	—	yu ユ	—	yo ヨ			
r ラ行	ra ラ	ri リ	ru ル	re レ	ro ロ	rya リャ	ryu リュ	ryo リョ
w ワ行	wa ワ	—	—	—	—			
	n ン							
g ガ行	ga ガ	gi ギ	gu グ	ge ゲ	go ゴ	gya ギャ	gyu ギュ	gyo ギョ
z ザ行	za ザ	ji ジ	zu ズ	ze ゼ	zo ゾ	ja ジャ	ju ジュ	jo ジョ
d ダ行	da ダ	ji ヂ	zu ヅ	de デ	do ド			
b バ行	ba バ	bi ビ	bu ブ	be ベ	bo ボ	bya ビャ	byu ビュ	byo ビョ
p パ行	pa パ	pi ピ	pu プ	pe ペ	po ポ	pya ピャ	pyu ピュ	pyo ピョ

書いてみよう!
単語練習ノート
〈 小6 〉

〈使い方〉
好きなページから始めていいよ!
書く前に声に出して読んでみよう!

小学校では，単語のつづりを覚えて正確に書けないといけないわけではありません。書くことで，英語の文字や単語に慣れることを目標にしてください。

66　学習日　月　日

音声をお手本に単語を読み上げてから，うすい字はなぞって，1～2回書いてみましょう。

Japan

日本　😊 国名の最初の1文字は大文字で書くよ。

America

アメリカ　😊 アメリカ合衆国のことは the U.S. や the U.S.A ともいうよ。

Australia

オーストラリア

Canada

カナダ

China

中国

France

フランス

Korea

かん国　😊 まん中を強く読むよ。

Russia

ロシア

Spain

スペイン

the U.K.

イギリス

スポーツ

音声をお手本に単語を読み上げてから，うすい字はなぞって，1〜2回書いてみましょう。

①

tennis

テニス　😊 n は2つ！

②

table tennis

卓球

③

soccer

サッカー

④

baseball

野球

⑤

basketball

バスケットボール　😊 最初を強く読むよ。

⑥

volleyball

バレーボール　😊 最初を強く，「ヴァリボーゥ」のように読むよ。

⑦

dodgeball

ドッジボール

⑧

badminton

バドミントン　😊 最初を強く読むよ。

⑨

swimming

水泳　😊 m は2つ！

⑩

skiing

スキー

動物

音声をお手本に単語を読み上げてから，うすい字はなぞって，1～2回書いてみましょう。

① dog
犬

② cat
ねこ

③ rabbit
うさぎ　☺ b は2つ！

④ pig
ぶた

⑤ bird
鳥　☺ ir のつづりに注意！

⑥ horse
馬

⑦ monkey
さる　☺ 発音は「モンキー」じゃなくて「マンキー」に近いよ。

⑧ lion
ライオン

⑨ tiger
とら

⑩ bear
くま

食べ物・飲み物

学習日　　月　　日

69

音声をお手本に単語を読み上げてから，うすい字はなぞって，1〜2回書いてみましょう。

① **hamburger**

ハンバーガー　😊 最初を強く読むよ。

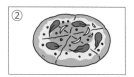
② **pizza**

ピザ　😊 z は2つ！

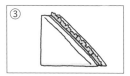
③ **sandwich**

サンドイッチ

④ **spaghetti**

スパゲッティ　😊 h は発音しないよ。

⑤ **curry and rice**

カレーライス

⑥ **ice cream**

アイスクリーム

⑦ **milk**

牛乳（ぎゅうにゅう）

⑧ **tea**

紅茶（こうちゃ）

⑨ **coffee**

コーヒー　😊 f も e も2つずつ！

⑩ **water**

水　😊 a のつづりに注意！

学習日　　　月　　　日

70

音声をお手本に単語を読み上げてから，うすい字はなぞって，1～2回書いてみましょう。

① January

1月　☺ 月の名前は，最初の1文字を大文字で書くよ。

② February

2月　☺ u をわすれない！

③ March

3月

④ April

4月

⑤ May

5月

⑥ June

6月

⑦ July

7月

⑧ August

8月

⑨ September

9月　☺ まん中を強く読むよ。

⑩ October

10月　☺ まん中を強く読むよ。

⑪ November

11月

⑫ December

12月

曜日

学習日　　月　　日

音声をお手本に単語を読み上げてから，うすい字はなぞって，1〜2回書いてみましょう。

Sunday

日曜日　☺ 曜日の名前は，最初の1文字を大文字で書くよ。

Monday

月曜日

Tuesday

火曜日

Wednesday

水曜日　☺ Wednes のつづりに注意！

Thursday

木曜日　☺ ur のつづりに注意！

Friday

金曜日

Saturday

土曜日　☺ ur のつづりに注意！

音声をお手本に単語を読み上げてから，うすい字はなぞって，1〜2回書いてみましょう。

① one
1

② two
2

③ three
3

④ four
4　☺ u をわすれない！

⑤ five
5

⑥ six
6

⑦ seven
7

⑧ eight
8　☺ gh は発音しないよ。

⑨ nine
9

⑩ ten
10

⑪ eleven
11

⑫ twelve
12

⑬ thirteen
13　☺ 最後の teen のところを強く読むよ。

⑭ fourteen
14

⑮ fifteen
15

⑯ sixteen
16

⑰ seventeen
17

⑱ eighteen
18

⑲ nineteen
19

⑳ twenty
20

教科

音声をお手本に単語を読み上げてから，うすい字はなぞって，1～2回書いてみましょう。

 ① Japanese

国語，日本語　☺ 最初の J は大文字で書くよ。

 ② English

英語　☺ 最初の E は大文字で書くよ。

 ③ math

算数，数学

 ④ science

理科　☺ sc のつづりに注意！

 ⑤ social studies

社会

 ⑥ P.E.

体育　☺ physical education を省略（しょうりゃく）した形だよ。

 ⑦ music

音楽

 ⑧ home economics

家庭科

 ⑨ arts and crafts

図画工作

 ⑩ moral education

道徳（どうとく）

場所

学習日　　　月　　　日

音声をお手本に単語を読み上げてから，うすい字はなぞって，1〜2回書いてみましょう。

① park
公園

② station
駅

③ school
学校　☺ ch のつづりに注意！

④ restaurant
レストラン　☺ au のつづりに注意！

⑤ bookstore
書店

⑥ stadium
競技場，スタジアム

⑦ museum
博物館，美術館

⑧ castle
城（しろ）　☺ t は発音しないよ。

⑨ temple
寺

⑩ shrine
神社

場所・乗り物

学習日　月　日

音声をお手本に単語を読み上げてから，うすい字はなぞって，1～2回書いてみましょう。

zoo

動物園

mountain

山　😊 ai のつづりに注意！

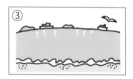

sea

海

beach

浜辺，ビーチ　😊 ea のつづりに注意！

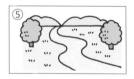

river

川

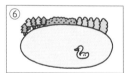

lake

湖

car

車

bus

バス

taxi

タクシー

train

電車

1日の行動①

音声をお手本に単語を読み上げてから，うすい字はなぞって，1〜2回書いてみましょう。

get up

起きる

get the newspaper

新聞を取りに行く

have breakfast

朝食を食べる　☺ break の a をわすれない！

brush my teeth

歯をみがく

go to school

学校へ行く

have lunch

昼食を食べる

study English

英語を勉強する

go home

家に帰る

play tennis

テニスをする

play the piano

ピアノをひく

1日の行動②

音声をお手本に単語を読み上げてから，うすい字はなぞって，1～2回書いてみましょう。

walk my dog

犬の散歩をする　😊 walk の l は発音しないよ。

do my homework

宿題をする

cook

料理をする

have dinner

夕食を食べる

wash the dishes

皿を洗う

take a bath

ふろに入る

watch TV

テレビを見る

read books

本を読む　😊 ea のつづりに注意！

clean my room

部屋をそうじする　😊 ea のつづりに注意！

go to bed

ねる

しゅ味など

学習日　　月　　日

音声をお手本に単語を読み上げてから，うすい字はなぞって，1〜2回書いてみましょう。

walking
散歩　😊 l は発音しないよ。

camping
キャンプ

cooking
料理

jogging
ジョギング　😊 g は2つ！

shopping
買い物　😊 p は2つ！

reading
読書　😊 ea のつづりに注意！

singing
歌うこと

dancing
おどること

drawing
絵をかくこと

skating
スケート

ようす

音声をお手本に単語を読み上げてから，うすい字はなぞって，1〜2回書いてみましょう。

① big

大きい

② small

小さい

③ new

新しい

④ old

古い

⑤ nice

すてきな

⑥ fun

楽しいこと

⑦ exciting

わくわくする

⑧ beautiful

美しい　😊 eau のつづりに注意！

⑨ delicious

とてもおいしい

⑩ cute

かわいらしい

🔊 80

学習日　　月　　日

音声をお手本に単語を読み上げてから，うすい字はなぞって，1〜2回書いてみましょう。

① doctor

医師

② nurse

看護師　☺ ur のつづりに注意！

③ teacher

教師　☺ ea のつづりに注意！

④ pilot

パイロット

⑤ flight attendant

客室乗務員　☺ gh は発音しないよ。

⑥ police officer

警察官

⑦ firefighter

消防士　☺ gh は発音しないよ。

⑧ bus driver

バス運転士

⑨ vet

獣医師

⑩ zookeeper

動物園の飼育係

職業②

音声をお手本に単語を読み上げてから，うすい字はなぞって，1〜2回書いてみましょう。

soccer player

サッカー選手

baseball player

野球選手

singer

歌手

comedian

コメディアン

cook

料理人

baker

パン職人

farmer

農家の人

florist

花屋さん

scientist

科学者　😊 sc のつづりに注意！

astronaut

宇宙飛行士　😊 au のつづりに注意！

095

小6英語をひとつひとつわかりやすく。

編集協力・DTP
（株）エデュデザイン

イラスト（カバー・シール・本文）
坂木浩子

イラスト（単語練習ノート）
たむらかずみ，がみ

ブックデザイン
山口秀昭（Studio Flavor）

英文校閲
Joseph Tabolt

校正
上保匡代，小縣宏行，甲野藤文宏，小森里美，佐藤美穂，宮崎史子

CD録音
（財）英語教育協議会（ELEC）

ナレーション
Howard Colefield, Jennifer Okano, 水月優希

© Gakken

小6英語を
ひとつひとつわかりやすく。

解答と解説

 軽くのりづけされているので，
外して使いましょう。

Gakken

01 出身はどこ？

本文7ページ

1 自己紹介を聞いて，それぞれの人の出身地を下の（　）から選び，日本語で書きましょう。

名前 … アン
| 出身 … **中国** |

名前 … ラージ
| 出身 … **インド** |

名前 … ジム
| 出身 … **イギリス** |

（　アメリカ　イギリス　インド　シンガポール　中国　）

2 (1) 好きな国を1つ英語で言ってみましょう。　□ 言えたよ。
　　　　　　　　　　　　　　　　言えたらここにチェックしよう。
(2) 言った国を英語で下に書きましょう。左ページを見ながら書いてもかまいません。

（例）**America**

3 (1) 「わたしは日本の出身です。」と英語で言ってみましょう。
　　　□ 言えたよ。　答え
(2) 言ったことを英語で下に書きましょう。左ページを見ながら書いてもかまいません。

I'm from（ **Japan**　　　　　　　　）.

↳ うすい字はなぞろう。

【読まれた英文と意味】

1 (1) Hello. I'm Ann. I'm from China.
（こんにちは。わたしはアンです。中国の出身です。）

(2) Hello. I'm Raj. I'm from India.
（こんにちは。わたしはラージです。インドの出身です。）

(3) Hello. I'm Jim. I'm from the U.K.
（こんにちは。わたしはジムです。イギリスの出身です。）

3 (1) I'm from Japan.
（わたしは日本の出身です。）

---

02 好きなことを言うには？

本文9ページ

1 自己紹介を聞いて，それぞれの人が好きだと言っているものを（　）から選び，日本語で書きましょう。

名前 … あや
| 好き … **犬** |

名前 … マイク
| 好き … **テニスと卓球** |

名前 … エマ
| 好き … **うさぎ** |

（　サッカー　テニス　卓球　犬　ねこ　うさぎ　）

2 (1) 自分の好きなスポーツを左ページから選び，「わたしは○○が好きです。」と英語で言ってみましょう。□ 言えたよ。
　　　　　　　　　　　　言えたらここにチェックしよう。
(2) 言ったことを英語で下に書きましょう。左ページを見ながら書いてもかまいません。

（例）I like tennis.

3 (1) 自分の好きな動物を左ページから選び，「わたしは○○が好きです。」と英語で言ってみましょう。□ 言えたよ。
(2) 言ったことを英語で下に書きましょう。左ページを見ながら書いてもかまいません。

（例）I like dogs.

【読まれた英文と意味】

1 (1) Hello. I'm Aya. I like dogs.
（こんにちは。わたしはあやです。犬が好きです。）

(2) Hi. My name is Mike. I like tennis and table tennis.
（こんにちは。わたしの名前はマイクです。わたしはテニスと卓球が好きです。）

(3) Hello. I'm Emma. I like rabbits but I don't like birds.
（こんにちは。わたしはエマです。うさぎは好きですが，鳥は好きではありません。）

03 いちばん好きなのは何？

本文11ページ

1 会話を聞いて，何の話をしているのか（　）から選び，日本語で書きましょう。

(1)	(2)	(3)
話題… 食べ物	話題… 教科	話題… スポーツ

（　スポーツ　ゲーム　アニメ　教科　習い事　動物　色　食べ物　）

2 (1)「あなたのいちばん好きな食べ物は何ですか。」と英語で言ってみましょう。

□ 言えたよ。▶答え
　↳言えたらここにチェックしよう。

(2) 言ったことを英語で下に書きましょう。左ページを見ながら書いてもかまいません。

What's your （ favorite ） （ food ）?
　↳うすい字はなぞろう。

3 自分のいちばん好きな教科を下から選び，「わたしのいちばん好きな教科は○○です。」と英語で言ってみましょう。

□ 言えたよ。

English（英語）	**social studies**（社会）	**moral education**（道徳）
Japanese（国語）	**P.E.**（体育）	
math（算数）	**arts and crafts**（図工）	**calligraphy**（書写）
science（理科）	**music**（音楽）	

【読まれた英文と意味】

1 (1) A: What's your favorite food?
（あなたのいちばん好きな食べ物は何ですか。）
B: My favorite food is pizza. I love pizza.
（わたしのいちばん好きな食べ物はピザです。ピザが大好きです。）

(2) A: What's your favorite subject?
（あなたのいちばん好きな教科は何ですか。）
B: My favorite subject is science.
（わたしのいちばん好きな教科は理科です。）

(3) A: What's your favorite sport?
（あなたのいちばん好きなスポーツは何ですか。）
B: My favorite sport is baseball.
（わたしのいちばん好きなスポーツは野球です。）

2 (1) What's your favorite food?

3 (例) My favorite subject is English.
（わたしのいちばん好きな教科は英語です。）

---

04 得意なことを言うには？

本文13ページ

1 自己紹介を聞いて，それぞれの人が得意だと言っているものを（　）から選び，日本語で書きましょう。

(1)	(2)	(3)
名前… じゅん	名前… リリー	名前… ベン
得意… 算数	得意… 歌うこと	得意… ピアノをひくこと

（　算数　理科　歌うこと　ピアノをひくこと　料理　卓球　）

2 (1) 自分の得意なことについて，「わたしは○○が得意です。」と英語で言ってみましょう。左ページのほか，8ページのスポーツ名や，11ページの教科名などを自由に使ってもかまいません。

□ 言えたよ。
　↳言えたらここにチェックしよう。

(2) 言ったことを下に書きましょう。左ページなどを見ながら書いてもかまいません。

I'm good at
　↳うすい字はなぞろう。

(例) （ singing ）

【読まれた英文と意味】

1 (1) Hello. I'm Jun. I'm good at math.
（こんにちは。わたしはじゅんです。算数が得意です。）

(2) Hi. My name is Lily. I'm good at singing.
（こんにちは。わたしの名前はリリーです。歌うことが得意です。）

(3) Hello. I'm Ben. I'm good at playing the piano.
（こんにちは。わたしはベンです。ピアノをひくことが得意です。）

05 誕生日を言うには？

本文15ページ

1 自己紹介を聞いて，それぞれの人物の誕生日を書きましょう。

(1) あや
(2) ビル
(3) さくら

誕生日： 1 月 29 日
誕生日： 7 月 4 日
誕生日： 11 月 20 日

← 数字で書こう

2 それぞれの日付を英語で言ってみましょう。

(1) 1月1日
(2) 2月14日
(3) 12月25日

□ 言えたよ。 答え
□ 言えたよ。 答え
□ 言えたよ。 答え

↑ 言えたらここにチェックしよう。

3 (1) 自分の誕生日について，「わたしの誕生日は○月○日です。」と英語で言ってみましょう。 □ 言えたよ。
(2) 言ったことを英語で下に書きましょう。「○日」は 1st, 2nd, 3rd … などのかんたんな書き方を使ってください。

My birthday is

(例)(February 24th).

【読まれた英文と意味】

1 (1) I'm Aya. My birthday is January 29th.
（わたしはあやです。誕生日は 1 月 29 日です。）
(2) I'm Bill. My birthday is July 4th.
（わたしはビルです。誕生日は 7 月 4 日です。）
(3) I'm Sakura. My birthday is November 20th.
（わたしはさくらです。誕生日は 11 月 20 日です。）

2 (1) January 1st(first)
(2) February 14th(fourteenth)
(3) December 25th(twenty-fifth)

06 名所について話そう

本文19ページ

1 3人が自分たちの町にあるものを紹介しています。それぞれ何を紹介しているか，線でつなぎましょう。

(1) (2) (3)

2 (1) 自分の住んでいる町について，「わたしたちの町には○○があります。」と英語で言ってみましょう。
□ 言えたよ。
(2) 言ったことを英語で下に書きましょう。左ページを見ながら書いてもかまいません。

(例)We have (mountains)

↑ うすい字はなぞろう。

in our town.

【読まれた英文と意味】

1 (1) This is our town.
We have a beautiful beach.
（これはわたしたちの町です。ビーチがあります。）
(2) Welcome to our town. We have hot springs in our town.
（わたしたちの町にようこそ。わたしたちの町には温泉があります。）
(3) We have a castle in our town. It's beautiful.
（わたしたちの町にはお城があります。それは美しいです。）

07 行事について話そう

本文 21 ページ

1 3人が日本の季節の行事の紹介をしています。それぞれ何の行事を紹介しているか，線でつなぎましょう。

2 (1) 今の季節（春・夏・秋・冬のいずれか）について，「(春・夏・秋・冬のいずれか)には○○があります。」と英語で言ってみましょう。

☐ 言えたよ。

(2) 言ったことを英語で下に書きましょう。左ページを見ながら書いてもかまいません。

（例）In (fall), we have

→うすい字はなぞろう。

(sports day).

【読まれた英文と意味】

1 (1) In summer, we have the Star Festival.

（夏には七夕があります。）

(2) In winter, we have New Year's Eve. We eat soba.

（冬には大みそかがあります。わたしたちはそばを食べます。）

(3) In summer, we have a fireworks festival. It's beautiful.

（夏には花火大会があります。きれいです。）

---

08 季節の楽しみについて話そう

本文 23 ページ

1 3人が，ある季節に楽しめることを紹介しています。それぞれ何を楽しめると言っているのか，線で結びましょう。

2 (1) 自分の好きな季節（春・夏・秋・冬のいずれか）について，「(春・夏・秋・冬のいずれか)には○○を楽しめます。」と英語で言ってみましょう。

☐ 言えたよ。

(2) 言ったことを英語で下に書きましょう。左ページを見ながら書いてもかまいません。

（例）In (summer), you can

→うすい字はなぞろう。

enjoy (swimming).

【読まれた英文と意味】

1 (1) In spring, you can enjoy hanami. It's beautiful.

（春には花見を楽しめます。きれいです。）

(2) In summer, you can enjoy swimming. We have a beautiful beach.

（夏には水泳を楽しめます。美しいビーチがあります。）

(3) In fall, you can enjoy delicious food.

（秋にはおいしい食べ物を楽しめます。）

09 何時に起きる?

本文27ページ

1 音声を聞いて、聞こえた順に記号を書きましょう。

| (1) | **ア** | → | (2) | **ウ** | → | (3) | **イ** |

ア　　　　イ　　　　ウ

2 (1) 「あなたは何時に起きますか。」とふだんの生活をたずねる文を英語で言ってみましょう。
　□ 言えたよ。 ◀) 答え
(2) 言ったことを英語で下に書きましょう。左ページを見ながら書いてもかまいません。

（ What ）time do you
↳ うすい字はなぞろう。
（ get ）up?

3 (1) 「あなたは何時に学校に行きますか。」とふだんの生活をたずねる文を英語で言ってみましょう。
　□ 言えたよ。 ◀) 答え
(2) 「あなたは何時にねますか。」とたずねる文を英語で言ってみましょう。
　□ 言えたよ。 ◀) 答え

【読まれた英文と意味】

1 (1) get up (起きる)
(2) take a bath (おふろに入る)
(3) have lunch (昼食を食べる)
2 (1) What time do you get up?
3 (1) What time do you go to school?
(2) What time do you go to bed?

10 1日の生活について話そう

本文29ページ

1 英語を聞いて、アレックスのふだんの朝の生活時間について、時刻を数字で書きましょう。

(1) 起きる時間：	**6:00**
	↳ 数字で書こう
(2) 朝食の時間：	**6:30**
(3) 学校に行く時間：	**7:30**

2 絵に合わせて、「わたしは○時に〜します。」と英語で言ってみましょう。

(1) 07:00
起きる

(2) 12:30
昼食を食べる

(3) 06:30
宿題をする

□ 言えたよ。 ◀) 答え　□ 言えたよ。 ◀) 答え　□ 言えたよ。 ◀) 答え
↳ 言えたらここにチェックしよう。

3 (1) エマの質問を聞いて、自分が実際にしている時間を答えましょう。

What time do you watch TV?
□ 言えたよ。

(2) 言ったことを英語で下に書きましょう。左ページを見ながら書いてもかまいません。時刻は数字で書きましょう。

（例）I watch TV at 8:00.

【読まれた英文と意味】

1 I'm Alex. I get up at 6:00(six).
I have breakfast at 6:30(six thirty).
I go to school at 7:30(seven thirty).
(わたしはアレックスです。わたしは6時に起きます。6時30分に朝食を食べます。7時30分に学校に行きます。)
2 (1) I get up at 7:00(seven).
(2) I have lunch at 12:30(twelve thirty).
(3) I do my homework at 6:30(six thirty).
3 (1) What time do you watch TV?
(あなたは何時にテレビを見ますか。)

11 ふだんしていることを言おう

本文31ページ

1 3人に、日曜日にすることをインタビューしました。インタビューを聞いて、それぞれの人がすることを下の（　）から選び、日本語で書きましょう。

(1)	(2)	(3)
すること：**部屋のそうじ**	すること：**サッカーの練習**	すること：**読書**

（　サッカーの練習　ピアノをひく　読書　部屋のそうじ　）

2 「あなたは日曜日に何をしますか。」と英語で言ってみましょう。

□ 言えたよ。　答え

3 (1) 自分が実際に日曜日にすることを、「わたしはたいてい○○します。」と英語で言ってみましょう。

□ 言えたよ。

(2) 言ったことを英語で下に書きましょう。左ページを見ながら書いてもかまいません。

(例) I usually clean my room.

【読まれた英文と意味】

1 (1) A: Lisa, what do you do on Sundays?
（リサ、日曜日には何をしますか。）
B: I usually clean my room.
（たいてい部屋をそうじします。）

(2) A: Alex, what do you do on Sundays?
（アレックス、日曜日には何をしますか。）
B: I practice soccer.
（サッカーを練習します。）

(3) A: Emma, what do you do on Sundays?
（エマ、日曜日には何をしますか。）
B: I usually read books.
（たいてい本を読みます。）

2 What do you do on Sundays?

---

12 ふだんしているか聞こう

本文33ページ

1 マイクに、ふだんすることについてインタビューしました。インタビューを聞いて、することには○を、しないことには×を書きましょう。

×	○	○

↑○か×を書こう。

2 絵に合わせて、「あなたは○○しますか。」と英語で言ってみましょう。

(1)	(2)	(3)
お皿を洗う	朝食を食べる	料理をする
□ 言えたよ。　答え	□ 言えたよ。　答え	□ 言えたよ。　答え

↑言えたらここにチェックしよう。

3 (1) 「あなたはテニスをしますか。」とたずねる文を英語で言ってみましょう。

□ 言えたよ。　答え

(2) 言ったことを英語で下に書きましょう。左ページを見ながら書いてもかまいません。

Do you (play tennis　　　　)?

↑うすい字はなぞろう。

【読まれた英文と意味】

1 A: Mike, do you play the piano?
（マイク、ピアノはひきますか。）
B: No, I don't.（いいえ、ひきません。）
A: Do you play baseball?
（野球はしますか。）
B: Yes, I do.（はい、します。）
A: Do you read comic books?
（まんがは読みますか。）
B: Yes, I do.（はい、読みます。）

2 (1) Do you wash the dishes?
(2) Do you eat breakfast?
(3) Do you cook?

3 (1) Do you play tennis?

13 町の建物を紹介しよう

本文 37 ページ

1 英語を聞いて，それぞれの人の町にあるものを選び，記号を○で囲みましょう。

(1)
ア イ

(2)
ア イ

2 (1) 実際に自分の町にあるものを1つ選んで，「わたしたちの町には○○があります」と英語で言ってみましょう。
□ 言えたよ。

(2) 言ったことを英語で下に書きましょう。左ページを見ながら書いてもかまいません。

(例) We have a (**zoo**)

→ うすい字はなぞろう。

in our town.

【読まれた英文と意味】

1 (1) We have a bookstore in our town.
(わたしたちの町には書店があります。)

(2) We have a big museum in our town.
(わたしたちの町には大きな博物館があります。)

---

14 見られるものを伝えよう

本文 39 ページ

1 英語を聞いて，それぞれの人の町で見られるものを選び，記号を○で囲みましょう。

(1)
ア イ

(2)
ア イ

2 (1) 実際に自分の町に来たら見られるものを1つ選んで，「○○が見られます。」と言ってみましょう。
□ 言えたよ。

(2) 言ったことを英語で下に書きましょう。左ページを見ながら書いてもかまいません。

You can see

→ うすい字はなぞろう。

(例) (**many stars**).

【読まれた英文と意味】

1 (1) You can see many stars in our town.
(わたしたちの町ではたくさんの星が見られます。)

(2) You can see beautiful flowers in our town.
(わたしたちの町では美しい花が見られます。)

15 町で楽しめることを伝えよう
本文41ページ

1 英語を聞いて，それぞれの人の町で楽しめることを選び，記号を○で囲みましょう。

(1)

⑦　イ

(2)

⑦　①

2 (1) 実際に自分の町に来たら楽しめるものを1つ選んで，「○○を楽しめます。」と英語で言ってみましょう。

□ 言えたよ。

(2) 言ったことを英語で下に書きましょう。左ページを見ながら書いてもかまいません。

You can enjoy
↳ うすい字はなぞろう。

（例）（ shopping ）.

【読まれた英文と意味】

1 (1) You can enjoy shopping in our town.
（わたしたちの町では買い物を楽しめます。）

(2) We have a lake. You can enjoy fishing.
（湖があります。つりを楽しめます。）

16 どこに行ったか言おう
本文45ページ

1 英語を聞いて，それぞれの人が行ったところを選び，線でつなぎましょう。

(1) マイク　(2) リサ　(3) エマ

遊園地　海　博物館・美術館　動物園

2 「夏にわたしは海に行きました。」と英語で言ってみましょう。

□ 言えたよ。　答え

3 (1) 自分が実際に夏休みに行ったところを1つ選んで，「わたしは夏に○○に行きました。」と英語で言ってみましょう。

□ 言えたよ。

(2) 言ったことを英語で下に書きましょう。左ページを見ながら書いてもかまいません。

In summer, I went to the
↳ うすい字はなぞろう。

（例）（ mountains ）.

【読まれた英文と意味】

1 (1) Hi, I'm Mike. In summer, I went to the sea.
（こんにちは，わたしはマイクです。夏に海に行きました。）

(2) Hi, I'm Lisa. I went to the amusement park.
（こんにちは，わたしはリサです。遊園地に行きました。）

(3) Hi, I'm Emma. In summer, I went to the zoo.
（こんにちは，わたしはエマです。夏に動物園に行きました。）

2 In summer, I went to the sea.

17 楽しんだことを言おう

1 英語を聞いて，次の2人が楽しんだことや食べたものを，それぞれ日本語で書きましょう。

(1) ゆか
楽しんだこと：**買い物**
食べたもの：**アイスクリーム**

(2) ジム
楽しんだこと：**キャンプ**
食べたもの：**すいか**

2 「わたしはつりを楽しみました。」と英語で言ってみましょう。
□ 言えたよ。 🔊 答え

3 (1) あなたが実際に夏休みに楽しんだことを1つ選んで，「わたしは○○を楽しみました。」と英語で言ってみましょう。
□ 言えたよ。

(2) 言ったことを英語で下に書きましょう。左ページを見ながら書いてもかまいません。

（例）I（enjoyed camping　　）.
↳ うすい字はなぞろう。

【読まれた英文と意味】

1 (1) Hi. I'm Yuka. I went to the department store. I enjoyed shopping. I ate ice cream.
（こんにちは。わたしはゆかです。わたしはデパートに行きました。買い物を楽しみました。アイスクリームを食べました。）

(2) Hi. I'm Jim. I went to the mountains. I enjoyed camping. I ate watermelon.
（こんにちは。わたしはジムです。わたしは山に行きました。キャンプを楽しみました。すいかを食べました。）

2 I enjoyed fishing.

---

18 感想を言おう

1 英語を聞いて，それぞれの人のしたことと感想を線でつなぎましょう。

(1) さやか (2) マイク (3) エマ

すごかった　わくわくした　とてもおいしかった

2 (1) 「それはよかったです。」と英語で言ってみましょう。
□ 言えたよ。 🔊 答え

(2) 言ったことを英語で下に書きましょう。左ページを見ながら書いてもかまいません。

It was（good　　　）.
↳ うすい字はなぞろう。

【読まれた英文と意味】

1 (1) Hi, I'm Sayaka. I went to the sea. It was great.
（こんにちは，わたしはさやかです。海に行きました。すごかったです。）

(2) Hi. I'm Mike. I went to the amusement park. It was exciting.
（こんにちは。わたしはマイクです。遊園地に行きました。わくわくしました。）

(3) Hi. I'm Emma. I ate ice cream. It was delicious.
（こんにちは。わたしはエマです。アイスクリームを食べました。とてもおいしかったです。）

2 (1) It was good.

19 いちばんの思い出は？

本文 53 ページ

1 いちばんの思い出をインタビューしています。それぞれの人が何の行事がいちばんの思い出だと言っているのか，線でつなぎましょう。

(1) (2) (3)

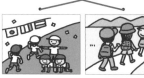

2 「あなたのいちばんの思い出は何ですか。」と英語で言ってみましょう。

☐ 言えたよ。 答

3 (1) 自分がいちばん思い出に残っている学校行事を1つ選んで，「わたしのいちばんの思い出は○○です。」と英語で言ってみましょう。

☐ 言えたよ。

(2) 言ったことを英語で下に書きましょう。左ページを見ながら書いてもかまいません。

(例) My best memory is our
↳ うすい字はなぞろう。
(school trip)．

【読まれた英文と意味】

1 (1) A: What's your best memory?
（あなたのいちばんの思い出は何ですか。）
B: My best memory is our field trip.
（わたしのいちばんの思い出は遠足です。）

(2) A: What's your best memory?
（あなたのいちばんの思い出は何ですか。）
B: My best memory is our sports day.
（わたしのいちばんの思い出は運動会です。）

(3) A: What's your best memory?
（あなたのいちばんの思い出は何ですか。）
B: My best memory is our music festival.
（私のいちばんの思い出は音楽祭です。）

2 What's your best memory?

20 小学校でしたことを言おう

本文 55 ページ

1 3人が思い出を語っています。それぞれの人が何の思い出を語っているのか，線でつなぎましょう。

(1) あや (2) さやか (3) アレックス

2 (1) 「わたしたちは京都に行きました。」と英語で言ってみましょう。

☐ 言えたよ。 答え

(2) 言ったことを英語で下に書きましょう。左ページを見ながら書いてもかまいません。

We (went) (to) Kyoto.
↳ うすい字はなぞろう。

【読まれた英文と意味】

1 (1) Hi, I'm Aya. My best memory is our field trip. We went to the sea.
（こんにちは，わたしはあやです。わたしのいちばんの思い出は遠足です。わたしたちは海に行きました。）

(2) Hello. I'm Sayaka. My best memory is our school trip. We saw a lot of stars.
（こんにちは。わたしはさやかです。わたしのいちばんの思い出は修学旅行です。わたしたちはたくさんの星を見ました。）

(3) Hi, I'm Alex. My best memory is our sports day. We enjoyed running.
（こんにちは，わたしはアレックスです。わたしのいちばんの思い出は運動会です。わたしたちは走ることを楽しみました。）

2 (1) We went to Kyoto.

11

21 思い出の感想を言おう

本文57ページ

1 英語を聞いて，それぞれの人のいちばんの思い出と，その感想を線でつなぎましょう。

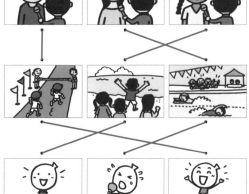

| 美しかった | 暑かった | とても楽しかった |

2 (1) 「どうでしたか。」と英語で言ってみましょう。
　　□ 言えたよ。　答え

(2) 言ったことを英語で下に書きましょう。左ページを見ながら書いてもかまいません。

How was it?

【読まれた英文と意味】

1 (1) Hi, I'm Kenta. My best memory is our sports day. It was a lot of fun.
（こんにちは，わたしはけんたです。わたしのいちばんの思い出は運動会です。とても楽しかったです。）

(2) Hello, I'm Sayaka. My best memory is our swimming meet. It was hot.
（こんにちは，わたしはさやかです。わたしのいちばんの思い出は水泳大会です。暑かったです。）

(3) Hi, I'm Lisa. My best memory is our school trip. We went to the sea. It was beautiful.
（こんにちは，わたしはリサです。わたしのいちばんの思い出は修学旅行です。海に行きました。美しかったです。）

2 (1) How was it?

---

22 テニス部に入りたい！

本文61ページ

1 英語を聞いて，それぞれの人の入りたい部活動を1つずつ選び，記号を○で囲みましょう。

(1) けんた
ア．バドミントン部
イ．卓球部
ウ．テニス部

(2) さやか
ア．野球部
イ．バスケットボール部
ウ．バレーボール部

(3) アレックス
ア．ブラスバンド
イ．料理部
ウ．美術部

2 (1) 自分が中学校で入りたい部活動を1つ選んで，「わたしは○○部に入りたいです。」と英語で言ってみましょう。
　　□ 言えたよ。

(2) 言ったことを英語で下に書きましょう。左ページを見ながら書いてもかまいません。

I want to join the
↳うすい字はなぞろう。

(例) （ brass band ）。

【読まれた英文と意味】

1 (1) Hi, I'm Kenta. I want to join the tennis team.
（こんにちは，わたしはけんたです。テニス部に入りたいです。）

(2) Hi, I'm Sayaka. I want to join the basketball team.
（こんにちは，わたしはさやかです。バスケットボール部に入りたいです。）

(3) Hi, I'm Alex. I want to join the brass band.
（こんにちは，わたしはアレックスです。ブラスバンドに入りたいです。）

23 中学校でしたいこと

本文 63 ページ

1 英語を聞いて，それぞれの人が中学校でしたいと言っていることを線でつなぎましょう。

(1) じゅん　(2) エマ

2 (1) 「わたしは友達をたくさんつくりたいです。」と英語で言ってみましょう。
□ 言えたよ。　答え

(2) 言ったことを英語で下に書きましょう。左ページを見ながら書いてもかまいません。

I want to (make
↳ うすい字はなぞろう。

a lot of friends).

【読まれた英文と意味】

1 (1) Hi, I'm Jun. I want to read a lot of books in junior high school.
（こんにちは，わたしはじゅんです。中学校では本をたくさん読みたいです。）

(2) Hi, I'm Emma. I want to enjoy the school festivals in junior high school.
（こんにちは，わたしはエマです。中学校では学園祭を楽しみたいです。）

2 (1) I want to make a lot of friends.

---

24 歌手になりたい！

本文 65 ページ

1 英語を聞いて，それぞれの人が将来なりたいものを1つずつ選び，記号を○で囲みましょう。

(1) ジェーン　(2) ノア　(3) リナ

ア．教師　　　ア．サッカー選手　　㋐ 花屋さん
㋑ 医師　　　㋑ 野球選手　　　　イ．芸術家
ウ．獣医師　　ウ．動物園の飼育員　ウ．科学者

2 「あなたは何になりたいですか。」と英語で言ってみましょう。
□ 言えたよ。　答え

3 (1) 自分が実際になりたいものを1つ選んで，「わたしは○○になりたいです。」と英語で言ってみましょう。
□ 言えたよ。

(2) 言ったことを英語で下に書きましょう。左ページを見ながら書いてもかまいません。

I want to be
↳ うすい字はなぞろう。

(例) (a teacher).

【読まれた英文と意味】

1 (1) Hello, I'm Jane. I want to be a doctor.
（こんにちは，わたしはジェーンです。医師になりたいです。）

(2) Hi, I'm Noah. I want to be a baseball player.
（こんにちは，わたしはノアです。野球選手になりたいです。）

(3) Hi, I'm Rina. I want to be a florist.
（こんにちは，わたしはリナです。花屋さんになりたいです。）

2 What do you want to be?

25 あいさつをしよう

 本文69ページ

1 それぞれの場面に合うように、ふきだしの内容を英語で言ってみましょう。

(1) となりのクラスの人にあいさつされたよ。

> こんにちは。
> お元気ですか。

**Hello.
How are you?**

(2) 朝、登校中に友達にあいさつされたよ。

> おはよう！

Good morning.

(3) 夕方会った友達に声をかけよう。

> こんばんは。

Good evening.

(4) 初対面のあいさつをされた。
あいさつを返そう。

> こちらこそはじめまして。

**Nice to meet you,
too.**

2 (1) 「ありがとう。」と英語で言ってみましょう。
　□ 言えたよ。 🔊答え
(2) 言ったことを英語で下に書きましょう。

Thank you.

---

26 おたがいのことを紹介しよう

 本文71ページ

1 それぞれの場面に合うように、ふきだしの内容を英語で言ってみましょう。

(1) この人、ねこ好きなのかな？
聞いてみよう。

> あなたはねこが好きですか。

Do you like cats?

(2) テニスが好きかどうか聞かれた。
答えよう。

> はい，好きです。

Yes, I do.

(3) 小さい子が遊びに来たよ。何さいか聞いてみよう。

> あなたは何さいですか。

How old are you?

(4) 友達に「もうすぐわたしの誕生日なの」と言われた。

> あなたの誕生日はいつですか。

**When is your
birthday?**

2 (1) 「わたしの誕生日は○月○日です。」と英語で言ってみましょう。
14ページを見てもかまいません。
　□ 言えたよ。
(2) 言ったことを英語で下に書きましょう。

(例)My birthday is May 1st.

---

27 自分のことを発表しよう

 本文73ページ

1 それぞれの場面に合うように、ふきだしの内容を英語で言ってみましょう。

(1) 出身地を聞かれたよ。

> わたしは大阪の出身です。

I'm from Osaka.

(2) 朝、何時に起きるか聞かれたよ。

> わたしは6時に起きます。

I get up at six.

(3) 夏休みにどこに行ったか聞かれたよ。

> わたしは海 (the sea) に
> 行きました。

I went to the sea.

(4) 将来何になりたいか聞かれたよ。

> わたしは教師 (a teacher) に
> なりたいです。

**I want to be a
teacher.**

2 (1) 自分の実際の出身地で、「わたしは○○の出身です。」と英語で言ってみましょう。
　□ 言えたよ。
(2) 言ったことを英語で下に書きましょう。

(例)I'm from Tokyo.

---

28 日常のやりとりをしよう

 本文75ページ

1 それぞれの場面に合うように、ふきだしの内容を英語で言ってみましょう。

(1) 遠くに住んでいる人から、こっちの天気を聞かれたよ。

> 晴れです。

It's sunny.

(2) 時差のある海外にいる友達から、日本が今何時か聞かれたよ。

> 11時です。

It's eleven.

(3) 「今日は何曜日だっけ？」と友達に聞かれたよ。

> 月曜日です。

It's Monday.

(4) 外国の人に「これは何？」って聞かれた。
緑茶のこと、教えてあげよう。

> お茶です。

It's tea.

2 (1) 「今、何時ですか。」と英語で言ってみましょう。
　□ 言えたよ。 🔊答え
(2) 言ったことを英語で下に書きましょう。

What time is it?

1 それぞれの場面に合うように,ふきだしの内容を英語で言ってみましょう。

(1) レストランで注文。何がほしいか聞かれたよ。

ピザ (pizza) がほしいです。

I'd like pizza.

(2) 家族でチャリティーバザー。値段を聞かれたよ。

500 円です。

It's five hundred yen.

(3) 観光客に,駅がどこか聞かれたよ。

まっすぐ行って右に曲がってください。

Go straight and turn right.

(4) 今度は警察署の場所を聞かれたよ。

まっすぐ行って,最初の角を左に曲がってください。

Go straight and turn left at the first corner.

2 (1)「動物園はどこですか。」と英語で言ってみましょう。

☐ 言えたよ。 🔊答え

(2) 言ったことを英語で下に書きましょう。　　　(動物園：the zoo)

Where is the zoo?

復習テスト ① （本文16〜17ページ）

1
(1) カナダ，歌うこと
(2) 中国，料理
(3) フランス，絵をかくこと
(4) ブラジル，サッカー

【読まれた英文】

(1) Hello. I'm Emily. I'm from Canada. I'm good at singing.

（こんにちは。わたしはエミリーです。わたしはカナダの出身です。わたしは歌うことが得意です。）

(2) Hello. I'm Wei. I'm from China. I'm good at cooking.

（こんにちは。わたしはウェイです。わたしは中国の出身です。わたしは料理が得意です。）

(3) Hello. I'm Julie. I'm from France. I'm good at drawing.

（こんにちは。わたしはジュリです。わたしはフランスの出身です。わたしは絵をかくことが得意です。）

(4) Hello. I'm Lucas. I'm from Brazil. I'm good at soccer.

（こんにちは。わたしはルーカスです。わたしはブラジルの出身です。わたしはサッカーが得意です。）

2 (1) B (2) C (3) B

【読まれた英文】

(1) A. May 1st(first) （5月1日）
B. September 1st(first) （9月1日）
C. October 1st(first) （10月1日）

(2) A. January 11th(eleventh) （1月11日）
B. August 11th(eleventh) （8月11日）
C. November 11th(eleventh) （11月11日）

(3) A. December 4th(fourth) （12月4日）
B. December 14th(fourteenth) （12月14日）
C. December 24th(twenty-fourth) （12月24日）

3
好きな食べ物…すし
好きなスポーツ…テニス
好きな教科…理科

【読まれた英文】

A: What's your favorite food, Leo? （あなたのいちばん好きな食べ物は何ですか，レオ。）

B: My favorite food is sushi. （わたしのいちばん好きな食べ物はすしです。）

A: Sushi. OK. What's your favorite sport? （すし。わかりました。あなたのいちばん好きなスポーツは何ですか。）

B: My favorite sport is tennis. （わたしのいちばん好きなスポーツはテニスです。）

A: Tennis. I see. What's your favorite subject? （テニス。わかりました。あなたのいちばん好きな教科は何ですか。）

B: My favorite subject is science. （わたしのいちばん好きな教科は理科です。）

A: Science. OK. Thank you, Leo. （理科。わかりました。ありがとう，レオ。）

B: You're welcome. （どういたしまして。）

復習テスト ② （本文24〜25ページ）

1 (1) イ (2) ア (3) エ (4) ウ

【読まれた英文】

(1) We have hot springs. You can enjoy a lot of good hot springs here.

（温泉があります。ここではたくさんのよい温泉を楽しめます。）

(2) We have a snow festival in winter. It's really exciting.

（冬には雪祭りがあります。ほんとうにわくわくします。）

(3) We have a lot of beautiful temples.

（たくさんの美しいお寺があります。）

(4) We have a famous castle. It's beautiful.

（有名なお城があります。美しいです。）

2
(1) 春，ひな祭り
(2) 夏，花火大会
(3) 冬，スキー

【読まれた英文】

(1) In spring, we have the Dolls' Festival. It's on March 3rd. You can enjoy seeing the colorful dolls.

（春にはひな祭りがあります。3月3日です。カラフルな人形を見るのを楽しめます。）

(2) In summer, we have a fireworks festival. You can enjoy the big fireworks.

（夏には花火大会があります。大きな花火を楽しめます。）

(3) We have beautiful mountains. In winter, you can enjoy skiing.

（美しい山があります。冬にはスキーが楽しめます。）

1 (1) A (2) A (3) A

【読まれた英文】

(1) A. Do you play tennis?
(テニスはしますか。)

B. Do you cook?
(料理はしますか。)

(2) A. Do you play the piano?
(ピアノはひきますか。)

B. Do you eat breakfast?
(朝食は食べますか。)

(3) A. Do you wash the dishes?
(お皿は洗いますか。)

B. Do you read comic books?
(まんがは読みますか。)

2 (1) 起きる，7:30
(2) おふろに入る，9:00
(3) 学校に行く，8:30

【読まれた英文】

(1) A: Amy, what time do you get up?
(エイミー，何時に起きますか。)

B: I usually get up at 7:30.
(たいてい7時30分に起きます。)

(2) A: Ken, what time do you take a bath? (けん，何時におふろに入りますか。)

B: I usually take a bath at 9:00.
(たいてい9時におふろに入ります。)

(3) A: Nick, what time do you go to school? (ニック，何時に学校に行きますか。)

B: I usually go to school at 8:30.
(たいてい8時30分に学校に行きます。)

3 登校時間…8:00
帰宅時間…4:30
日曜にすること…本を読む
演奏する楽器…リコーダー

【読まれた英文】

A: Lucy, what time do you go to school? (ルーシー，何時に学校に行きますか。)

B: I always go to school at 8:00.
(わたしはいつも8時に学校に行きます。)

A: What time do you go home?
(何時に家に帰りますか。)

B: I usually go home at 4:30.
(たいてい4時30分に家に帰ります。)

A: What do you do on Sundays?
(日曜日には何をしますか。)

B: I usually read books. I like books.
(たいてい本を読みます。私は本が好きです。)

A: Do you play the recorder?
(リコーダーをふきますか。)

B: Yes, I do. (はい，ふきます。)

A: Great! Thank you.
(すばらしい！ありがとう。)

1 (1) 星 (2) 海 (3) 川
(4) 木 (5) 湖 (6) 花

2 (1) B (2) B (3) B

【読まれた英文】

(1) A. You can enjoy bird-watching.
(バードウォッチングを楽しめます。)

B. You can enjoy jogging.
(ジョギングを楽しめます。)

(2) A. You can enjoy fishing.
(つりを楽しめます。)

B. You can enjoy camping.
(キャンプを楽しめます。)

(3) A. You can enjoy skiing.
(スキーを楽しめます。)

B. You can enjoy shopping.
(買い物を楽しめます。)

3 町にあるもの…(大きな)公園
見られるもの…(美しい)花
楽しめること①…ハイキング
楽しめること②…つり

【読まれた英文】

Welcome to our town.
(わたしたちの町へようこそ。)

We have a big park.
(大きな公園があります。)

You can see beautiful flowers.
(美しい花が見られます。)

You can enjoy hiking.
(ハイキングを楽しめます。)

And you can enjoy fishing, too.
(そしてつりも楽しめます。)

Thank you.
(ありがとう。)

復習テスト ⑤ (本文50〜51ページ)

1 (1) B (2) A (3) B

【読まれた英文】

(1) A. I went to the mountains. I enjoyed camping.
（わたしは山に行きました。キャンプを楽しみました。）
B. I went to the sea. I enjoyed fishing.
（わたしは海に行きました。つりを楽しみました。）

(2) A. I ate ice cream. It was delicious.（わたしはアイスクリームを食べました。とてもおいしかったです。）
B. I saw a lot of stars. It was fantastic.
（わたしはたくさんの星を見ました。すばらしかったです。）

(3) A. I enjoyed camping. It was exciting. （わたしはキャンプを楽しみました。わくわくしました。）
B. I enjoyed swimming. It was great.
（わたしは水泳を楽しみました。すごかったです。）

2 (1) 動物園に行って動物を見た
(2) 遊園地に行った
(3) 祖父母の家に行って花火を見た

【読まれた英文】

(1) Hi, I'm Ryota. I went to the zoo. I saw a lot of animals.
（こんにちは，わたしはりょうたです。わたしは動物園に行きました。たくさんの動物を見ました。）

(2) Hi, I'm Bill. I went to the amusement park. It was exciting.
（こんにちは，わたしはビルです。わたしは遊園地に行きました。わくわくしました。）

(3) Hello. I'm Erika. I went to my grandparents' house. I saw fireworks with them.
（こんにちは。わたしはえりかです。わたしは祖父母の家に行きました。彼らと花火を見ました。）

3 ア，ウ

【読まれた英文】

Hello. I'm Ayumi.
（こんにちは。わたしはあゆみです。）

In summer, I enjoyed camping.
（夏にわたしはキャンプを楽しみました。）

I saw a lot of stars.
（わたしはたくさんの星を見ました。）

And I enjoyed fishing.
（そしてわたしはつりを楽しみました。）

It was fantastic. （すばらしかったです。）

復習テスト ⑥ (本文58〜59ページ)

1 (1) A (2) B (3) A
(4) A (5) B (6) A

【読まれた英文】

(1) A. My best memory is our drama festival.
（わたしのいちばんの思い出は学芸会です。）
B. My best memory is our field trip.
（わたしのいちばんの思い出は遠足です。）

(2) A. We went to the sea.
（わたしたちは海に行きました。）
B. We went to Kyoto.
（わたしたちは京都に行きました。）

(3) A. We saw a beautiful temple.
（わたしたちは美しいお寺を見ました。）
B. We saw a lot of stars.
（わたしたちはたくさんの星を見ました。）

(4) A. We enjoyed hiking.
（わたしたちはハイキングを楽しみました。）
B. We enjoyed swimming.
（わたしたちは水泳を楽しみました。）

(5) A. We ate ice cream.
（わたしたちはアイスクリームを食べました。）
B. We ate curry and rice.
（わたしたちはカレーライスを食べました。）

(6) A. We went to the zoo.
（わたしたちは動物園に行きました。）
B. We went to the beach.
（わたしたちはビーチに行きました。）

2 (1) 運動会 (2) 音楽祭
(3) 入学式 (4) 学芸会

3 いちばんの思い出…遠足
行ったところ…山
見たもの…（美しい）川
食べたもの…カレーライス
楽しんだこと…おしゃべり

【読まれた英文】

Hello. My name is Tetsuya.
（こんにちは。わたしの名前はてつやです。）

My best memory is our field trip.
（わたしのいちばんの思い出は遠足です。）

We went to the mountains.
(わたしたちは山に行きました。)

We saw a beautiful river.
(わたしたちは美しい川を見ました。)

We ate curry and rice.
(わたしたちはカレーライスを食べました。)

We enjoyed talking.
(わたしたちはおしゃべりを楽しみました。)

It was great!
(すばらしかったです！)

復習テスト ⑦ (本文66〜67ページ)

1 (1) B　(2) A　(3) A
　　(4) B　(5) B　(6) A

【読まれた英文】

(1) A. I want to make a lot of friends.
(わたしはたくさんの友達をつくりたいです。)

　B. I want to read a lot of books.
(わたしはたくさんの本を読みたいです。)

(2) A. I want to join the tennis team.
(わたしはテニス部に入りたいです。)

　B. I want to join the kendo team.
(わたしは剣道部に入りたいです。)

(3) A. I like music. I want to join the brass band.
(わたしは音楽が好きです。ブラスバンドに入りたいです。)

　B. I like cooking. I want to join the cooking club.
(わたしは料理が好きです。料理部に入りたいです。)

(4) A. I'm good at playing the piano.
(わたしはピアノをひくのが得意です。)

　B. I'm good at playing soccer.
(わたしはサッカーをするのが得意です。)

(5) A. I want to be a teacher.
(わたしは教師になりたいです。)

　B. I want to be a vet.
(わたしは獣医師になりたいです。)

(6) A. I'm good at painting. I want to be an artist.
(わたしは絵をかくのが得意です。わたしは芸術家になりたいです。)

　B. I'm good at singing. I want to be a singer.
(わたしは歌うのが得意です。わたしは歌手になりたいです。)

2 (1) 医師　(2) 教師　(3) 科学者　(4) 芸術家

3 好きなスポーツ…野球
　入りたい部活動…野球部
　得意なこと…料理
　なりたい職業…料理人

【読まれた英文】

Hello, I'm Yuto.
(こんにちは，わたしはゆうとです。)

My favorite sport is baseball.
(わたしのいちばん好きなスポーツは野球です。)

I want to join the baseball team in junior high school.
(わたしは中学校で野球部に入りたいです。)

I'm good at cooking.
(わたしは料理が得意です。)

I want to be a cook.
(わたしは料理人になりたいです。)